MARKUS
DOBLMANN

HÄNDE

HOCH

FÜR DIE FREIHEIT

Wenn nicht anders vermerkt, wurden die Bibelstellen der revidierten Elberfelder-Übersetzung, entnommen.

Hände hoch – für die Freiheit!
Autor: Markus Doblmann
markus.doblmann@md-ministries.at

Herausgabe und Vertrieb:
© 2017 SHALOM-VERLAG. Alle Rechte vorbehalten.
Nibelungenstraße 1 * 94086 Bad Griesbach * Deutschland
www.shalom-verlag.eu

Dieses Werk wird veröffentlicht und verkauft mit Erlaubnis von Markus Doblmann, dem Inhaber aller Rechte zur Veröffentlichung und zum Verkauf dieses Werkes.

3. Auflage 2022

ISBN 978-3-944851-60-0

Satz- und Covergestaltung: Shalom-Verlag, Michael Schmidt
Illustration: © Lisa Kolbasa/shutterstock.com ©
Druck: Booksfactory, www.booksfactory.de

Inhaltsverzeichnis

Einleitung

Hände hoch – für die Freiheit!

Liebe Leser! Alles, was dieses Buch beinhaltet, wurde von mir persönlich erlebt, erfahren und recherchiert. Namentliche Erwähnungen erfolgen nur aufgrund ausdrücklicher Zustimmung. Im letzten Kapitel finden Sie eine Auswertung einer von mir durchgeführten Befragung in meinem beruflichen und privaten Umfeld. Ausdrücklich festhalten möchte ich in diesem Zusammenhang Folgendes: Ich bin kein Meinungsbildner. Bitte verstehen Sie dieses Buch als Darstellung meiner ganz individuellen Reise zu und mit Gott, welches mit den Ansichten der Menschen, die von mir interviewt wurden, angereichert ist.

Wie entstand überhaupt der Entschluss, dieses Buch zu schreiben? Und zwar über eine Thematik, die in der heutigen schnelllebigen Zeit wohl eher belächelt werden würde? Wissen Sie: Genau darum ging es mir. Sie, werte Leser, sollen erkennen, dass es unwesentlich ist, woher Sie kommen, wie gestresst und hektisch sich Ihr Alltag und wie chaotisch sich Ihr Umfeld gestaltet, welchen Beruf sie ausüben, etc.. Sie können die christlichen Werte überall einbringen, ohne fürchten zu müssen, damit jemandem „auf den Geist" zu gehen.

Natürlich geht es in diesem Buch hauptsächlich um die Exekutive, da ich selbst Polizeibeamter bin. Ich versuche mit diesem Buch zu erreichen, dass Sie beginnen, sich über Ihren eigenen Beruf Gedanken zu machen und möchte Sie explizit dazu ermutigen, im Wort Gottes in diese Richtung zu suchen. Mit Sicherheit werden Sie fündig werden.

Als Polizist und gläubiger, wiedergeborener Christ nehme ich den Auftrag Jesu Christi, wonach er uns anwies, das Evangelium „in alle Welt" zu bringen, sehr ernst. Und hierzu bietet sich ausreichend Gelegenheit. Dabei ist es unerheblich, ob es sich um Kollegen, Freunde, Familienangehörige oder auch völlig fremde Menschen handelt. Ich lasse mich in meinem Tun vom Heiligen Geist leiten und wenn es ansteht, dann handle ich in der Gnade Gottes so, wie er mir aufträgt, zu handeln.

Vor längerer Zeit, während eines Gottesdienstes in der Anbetungszeit, bekam ich die Inspiration, dieses Buch zu schreiben. Ich denke, dass ich durch mein Zeugnis Polizisten überall auf der Welt ermutigen kann/soll/muss (☺), die Angst davor zu verlieren, als Polizist auch das Christsein zu leben und die christlichen Werte in die Arbeit einzubringen.

Mein Eindruck ist ganz klar, dass ich meinen Dienst besser und leichter verrichte, seit ich in Beziehung zu Jesus stehe. Es ist mit Sicherheit keine Selbstverständlichkeit, die Gemeinschaft mit Jesus während des Dienstes zu pflegen. Nein, es ist wahrhaftig eine Herausforderung – aber gleichzeitig auch ein großes Geschenk.

Wie ich zu diesem Geschenk gekommen bin, erfahren Sie in den folgenden Kapiteln. Welche Auswirkungen dieses Geschenk für mich persönlich hatte, wird deswegen bedeutend, weil es mich zu einem völlig anderen Menschen machte, als ich es vorher war. Dafür danke ich Gott von ganzem Herzen.

Gott gab mir auch die Kraft, durch den Heiligen Geist und seine Gnade, meine Erfahrungen als christlicher Polizist hier niederzuschreiben. Und glauben Sie mir, es fiel mir nicht leicht. Nach langen Gebeten, vielen Überlegungen und auch Ängsten, ob dieses Buch überhaupt angenommen werden würde, ist die Entscheidung gefallen. Ich möchte aufzeigen, wie wichtig es ist, nicht vom Herrscher dieser Welt (Satan) beeinflusst oder gelenkt zu werden, sondern die Werte des Christseins in das praktische Leben hinauszutragen, um dem Herrn und den Menschen zu dienen. Auch in meiner Dienstzeit als Polizist versuche ich stets, mit Jesus Christus in Verbindung zu bleiben, und mich ganz auf seine Führung zu verlassen.

Im *ersten Kapitel* beginne ich mit biblischen Grundlagen, und zwar damit, ob Gott überhaupt Interesse an der Polizei habe und wenn ja, wie sich dieses Interesse gestaltet. Hier wird z. B. die komplexe und schwierige Frage beantwortet, ob es für einen christlichen Polizisten erlaubt sei, eine Waffe zu tragen UND auch anzuwenden.

Im *zweiten Kapitel* gebe ich Zeugnis von meinem Leben und wie Jesus darin wirkt. Des Weiteren erfahren Sie, wie ich Alltag und insbesondere auch mein Berufsleben in Einklang mit Gott bringe.

Im *dritten Kapitel* beschreibe ich die Anwendung der Bibel und des christlichen Glaubens im Leben als Polizist.

Im *vierten Kapitel* finden Sie die Auswertung der Fragebögen. Befragt wurden von mir insgesamt 571 Personen (Nationalitäten: Österreich, Deutschland, Australien, USA, Bulgarien, Russland; Glaubensrichtungen: Christentum, Islam, Buddhismus), wobei ich etwa 66 Prozent beantwortet zurückerhalten habe. Ich darf vorwegschicken: Das Ergebnis wird Sie überraschen.

Abschließend möchte ich sagen, dass ich hoffe, dass dieses Buch eine Bereicherung für Ihr Leben darstellen wird. Vielleicht denken Sie nach der Lektüre sogar darüber nach, ob die Entscheidung für eine Gemeinschaft mit Jesus für Sie gut und richtig sein könnte – auch wenn sie kein Polizist sind. ☺

Durch die Entscheidung für dieses Buch habe ich Freunde gewonnen, die ich sonst nie im Leben kennengelernt hätte.

Auch dafür danke ich Jesus, denn ihm gebührt die ganze Ehre.

Kapitel 1

POLIZEI =

GOTTES WILLE?

Ist der Glaube mit dem Polizeidienst vereinbar?

In der Bibel steht geschrieben, dass Gott Autorität, und somit auch Ordnungshüter, Polizisten und Schutzbefohlene eingesetzt hat, um die Ordnung hier in der Welt aufrecht zu halten (Römer 13, Verse 1–5). Ich habe hier ganz bewusst die Formulierung *„IN der Welt"* verwendet, weil der Herrscher dieser Welt Satan ist. Er versucht alles ihm in der Macht Stehende, um uns Menschen zu verführen, zu belügen, zu täuschen, insbesondere mit dem Zweck, dass wir unseren Blick auf Gott verlieren. Und derzeit scheint er dabei mehr als erfolgreich zu sein. Die Führung durch den Heiligen Geist in Verbindung mit Jesus Christus gibt jedem die Kraft, das Richtige vom Falschen zu unterscheiden.

Ich selbst erlebe es des Öfteren, dass es heute nicht mehr als selbstverständlich gilt, als Staatsbürger einer uniformierten Person zu begegnen, die hilfreich, freundlich, liebenswürdig und entgegenkommend ist. Ein Polizist hat natürlich nicht nur mit positiv handelnden Menschen zu tun, sondern auch mit Personen, die das Gesetz brechen und ihren Mitmenschen unfassbares Leid zufügen. Im Kontakt mit solchen Menschen bekomme ich oft den Eindruck, dass der biblische Feind hier sozusagen „voll im Einsatz" ist. Als Christ und Polizist gilt es, hier die Autorität christlicher Werte reinzubringen, um den Erfolg einer Amtshandlung durchzusetzen. Dabei kann man sich auf Gottes Wort und auf den Umstand verlassen, dass man stets in seinem Schutz steht. Es ist von größter Wichtigkeit, sich dies immer wieder vor Augen zu führen. Durch die Verblendung, die Satan bewirkt, werden nicht selten vorerst „anständige" später zu „vom rechten Weg abgefallene" Polizisten. Ich habe in meiner 34-jährigen Berufserfahrung Kollegen und Kolleginnen beobachtet, die überaus motiviert in den Staatsdienst eintraten, doch je länger sie dabei waren, desto weniger sah man von dem, was einen guten Polizisten ausmachen sollte. Frust, Angst, Unlust, Selbstgerechtigkeit, Machogehabe, Dienstunwilligkeit, Krankenstände usw. bestimmten das Dasein. Mir erging es ja nicht anders, das gebe ich an dieser Stelle offen zu, genau deswegen erscheint mir die

Veröffentlichung dieses Buch so wichtig: Nämlich wichtig für all jene, die so nicht „enden" wollen. Ich will die Hoffnung in die Kollegenschaft bringen, dass es einen Ausweg gibt. Es soll klar sein, dass der Herrscher dieser Welt in die von Gott eingesetzten Ordnungshüter eingreifen will und es auch tut.

Ich bin jetzt seit 21.09.2010 ein *wiedergeborener* Christ und habe erfahren, dass es durchaus bereits Organisationen gibt, die unter dem Schlagwort „christliche Polizisten" (CPV – Christliche Polizei Vereinigung) affirmieren. Diese Organisation ist weltweit tätig (insbesondere in Deutschland, Schweiz, Frankreich, Ungarn, Rumänien, Bulgarien, in den USA und Kanada). Bis ich diese Leute kennenlernen durfte, dachte ich: „Was soll ich mit meinen Kollegen/innen nur tun?" Ich fühlte mich alleine und hatte keine Ahnung, wie ich diesen christlich begegnen kann.

Durch meine eigenen Bedenken und Ängste war ich gehemmt, zu erzählen, dass Jesus der EINZIGE Weg ist. Doch schon bald konnte ich erkennen, dass nicht MEIN Werk die Menschen zu Jesus bringt. Es geht nur durch die Kraft Gottes (seine Gnade), es geht darum, loszulassen, und seine Gnade wirken zu lassen. Bald erkannten meine Kollegen meine Veränderung. Darauf angesprochen, antwortete ich nur kurz: „In mir wohnt Jesus!" Sie können sicher nachvollziehen, dass die Reaktionen unterschiedlich ausfielen. Sehr überraschend aber für mich war, wie viele positiv reagierten (manche sofort, andere später). Ich denke, dass sich jeder von uns nach etwas sehnt, wofür es sich lohnt zu leben und auch zu arbeiten. Jetzt erfreue ich mich wieder daran, Polizist zu sein. Als solcher stehe ich vor einer besonders großen Herausforderung, und zwar Menschen mit Jesus an meiner Seite zu begegnen und ihnen, wenn nötig, von Jesus zu erzählen.

Folgende Situation habe ich während eines Streifendienstes erlebt: Zur Zeit der Rush Hour sahen ein Kollege und ich eine Frau am Straßenrand mit einer gelben Warnweste stehen, ganz offensichtlich hatte sie eine Fahrzeugpanne. Ihr liegengebliebenes Auto versperrte einen Fahrstreifen, hinter ihr hupten bereits genervte Kfz-Lenker und sie konnte nichts anderes tun als auf den bereits gerufenen Pannendienst zu warten, der allerdings im Stau steckte. Wir hielten an und ich bot der Frau an, ihren PKW bis zur nächsten Bushaltestelle abzuschleppen und damit aus der Gefahrenzone zu schaffen. Nach ihrem Einverständnis und ihrer Erklärung, dass sie selbst nicht mehr fähig sei, ihr Auto zu lenken, setzte ich mich hinter ihr Lenkrad und sah im Augenwinkel, dass sie neben mir am Beifahrersitz am ganzen Körper zitterte. Sie erzählte mir, in Stresssituationen an heftigen Panikattacken zu leiden. Unvermittelt sagte ich zu ihr: „Ich würde gerne für Sie beten, wenn Sie das möchten. Dass ich hier bin, ist sicher kein Zufall, denn Jesus Christus möchte Ihnen helfen." Die Frau blickte mich mit offenem Mund an. Ich gab Ihr zu verstehen, dass nicht die Uniform und nicht mein Äußeres im Allgemeinen entscheidet, ob ich gläubig bin. Nebenbei nahm ich wahr, dass sie aufgehört hatte, zu zittern. War es die Überraschung, oder wirkte alleine der Name Jesus Christus, den ich aussprach? Egal! Dann gab ich ihr meine Visitenkarte. Sie weiß jetzt: Sollte sie je Hilfe benötigen, kann sie mich jederzeit anrufen. Das Angebot für ein Gebet lehnte sie zwar ab, doch gebe ich Jesus die Ehre, denn er griff trotzdem ein. Was aus diesem Samen in ihrem Herzen noch wird oder bereits geworden ist, weiß ich leider nicht. Vielleicht bewahrheitet sich der Spruch, welcher da lautet: „Man trifft sich im Leben meist 2mal." Und wenn das so ist, wird sie mir Zeugnis geben. Da bin ich mir sicher.

Die Reaktion dieser Frau und die meiner Kollegen zeigt mir immer wieder, dass Menschen ein Bild konstruiert haben, wie und was ein Polizist sein sollte. Daher wundern sie sich, wenn auf einmal ein gläubiger Mensch in Uniform vor ihnen steht und sogar anbietet, für sie zu beten.

Nach meiner *Wiedergeburt* wurde ich im Geist so verändert, dass alle Widersinnigkeiten in meinem Leben an Bedeutung verloren und verschwanden. Ich konnte mich plötzlich wieder auf etwas konzentrieren, das für mich und andere Menschen von Belang ist oder irgendwann sein kann. Den Sinn des Lebens erkannte ich für mich persönlich schon nach kurzer Zeit. Ich hörte vom Präsidenten der CPV Österreich

(Herbert Hofbauer, AbtInsp i.R.) einen Leitsatz. Dieser gefällt mir derart gut, dass ich ihn hier zitieren möchte:

„Wer eine Uniform anzieht, darf den Glauben nicht ausziehen!"

Dieser Satz ist eine gute Überleitung zur Fragestellung, ob es Gottes Wille sei, Polizisten einzusetzen und auch durch diese zu wirken. Ich kann Ihnen an dieser Stelle nur ein eindeutiges „JA" als Antwort geben. Bitte sehen Sie selbst:

Römer 13, Verse 1–5

Verhalten gegenüber der Obrigkeit

1. Jede Seele unterwerfe sich den übergeordneten staatlichen Mächten! Denn es ist keine staatliche Macht außer von Gott, und die bestehenden sind *von Gott verordnet.*

2. Wer sich daher der staatlichen Macht widersetzt, widersteht der Anordnung Gottes; die aber widerstehen, werden ein Urteil empfangen.

3. Denn die Regenten sind nicht ein Schrecken für das gute Werk, sondern für das böse. Willst du dich aber vor der staatlichen Macht nicht fürchten, so tue das Gute, und du wirst Lob von ihr haben;

4. Denn die staatliche Macht steht im Dienst Gottes, um dich zum *Tun des Guten anzuspornen.* Wenn du aber *Böses tust,* musst du dich vor ihr fürchten. Ihre Vertreter tragen nicht umsonst das Schwert. Sie stehen im Dienst Gottes und vollstrecken sein Urteil an denen, die Böses tun. (Gute Nachricht)

5. Darum ist es notwendig, untertan zu sein, nicht allein der Strafe wegen, sondern auch des Gewissens wegen.

Als ich diese Verse zum ersten Mal las, kam mir nur ein „WOW" in den Sinn. Es ist also biblisch, Polizist zu sein und unter Gottes Führung zu stehen. Diese Verse verdeutlichen, dass Gott staatliche Mächte installiert hat, um auf dieser Welt für Ruhe, Ordnung und Sicherheit zu sorgen.

Dies ist ja auch der hauptsächliche Auftrag der Polizei. Bei Verstoß gegen irdische Rechtsnormen ist mit sofortigen Konsequenzen zu rechnen. Im geistlichen Bereich ist Gott für die Gerechtigkeit zuständig. Wir müssen daher als Christen im Staate für die Herstellung des ordnungsgemäßen Zustandes sorgen.

Daher: Wer es nicht tut, fällt bereits hier auf Erden unter Gericht. Was aber nicht heißt, dass dieser Mensch zugleich die Liebe Gottes verliert. Gott hasst die Sünde, aber nicht den Sünder. Das sollten sich auch manche Polizisten zu Herzen nehmen.

Und nun erkläre ich dem geneigten Leser jeden einzelnen Vers, dessen Offenbarung ich im Gebet erhalten habe, um ihn so verständlich wie möglich zu machen.

zu Vers 1: Jede „Seele" hat sich der staatlichen Macht unterzuordnen.

Was wird mit „Seele" gemeint? Demnach spricht dieser Vers ALLE Menschen an. Sie alle besitzen schließlich eine Seele.

Die Seele besteht aus drei Elementen:

1) Verstand (Erinnerungen, Gedanken)

2) Wille

3) Gefühle (Emotionen)

Deine Seele arbeitet sehr eng mit deinem Körper und deinem inneren Menschen, auch Herz oder Geist genannt, zusammen. Jede physische Handlung wird letztendlich immer entweder zusammen oder unabhängig voneinander ausgeführt. Um ein guter Christ zu sein, muss als erstes der Geist verändert werden. Dies passiert automatisch, wenn wir uns für Jesus entscheiden und seine Einladung annehmen, sich seiner Führung unterzuordnen. Für Seele und Körper bin ich selbst verantwortlich. Diese Veränderung kann natürlich dauern – aber mit Gottes Gnade und in Übereinstimmung mit seinem Wort im Gebet wird es gelingen. Das hat Gott uns versprochen.

Siehe Hesekiel 36, Vers 26: *„Und ich werde euch ein neues Herz geben und einen neuen Geist in euer Inneres geben; und ich werde das steinerne Herz aus eurem Fleisch wegnehmen und euch ein fleischernes Herz geben."*

Wenn ich mich auf Gott einlasse und dies auch wirklich will, dann wird auch das Umfeld erleben, wie sich der neue Geist in mir etabliert. Der Mensch besteht ja bekanntermaßen aus Geist, Seele und Körper. Haben wir Jesus in unser Leben eingeladen, dann müssen wir auch verinnerlichen, dass wir der „Tempel" für den Heiligen Geist sind.

Siehe 1. Korinther 6, Vers 19:

„Oder wisst ihr nicht, dass euer Leib ein Tempel des Heiligen Geistes in euch ist, den ihr von Gott habt, und dass ihr nicht euch selbst gehört?"

Dies ist jener Bibelvers, den ich zitiere, wenn mich jemand fragt, warum ich so verändert bin.

zu Vers 2: *Wer sich der Staatsmacht widersetzt, widersteht der Anordnung Gottes.*

Dieser Vers ist meiner Ansicht nach so zu verstehen, dass die Anordnungen von Gott, also seine Gebote (siehe Mose) als Gesetze in den irdischen Bereich übergegangen sind.

Man mag an dieser Stelle einwenden: „Ja, das kann schon sein, aber Gesetze entstehen in Folge von Geschehnissen und Notwendigkeiten der Geschichte und werden deshalb immer wieder erneuert, korrigiert und gegebenenfalls ergänzt."

Diese Meinung kann ich selbstverständlich nachvollziehen. Aber bedenken Sie: Die Normen in der staatlichen Rechtsordnung, stehen mit den Geboten Gottes im Einklang. Nachfolgend ein paar Beispiele dazu:

- Du sollst nicht stehlen! (Diebstahl, in all seinen Formen, ist im Strafrecht ein strafbarer Tatbestand).

- Du sollst nicht töten! (siehe Delikt Mord, Totschlag, oder Körperverletzung mit tödlichem Ausgang...)!

- Du sollst kein falsches Zeugnis Deines Nächsten geben (Verleumdung).

Daher werden ALLE SEELEN ein Urteil erhalten, sollten sie sich den Anordnungen Gottes widersetzen. Denn, und auch das ist allgemein anerkannt: Unwissenheit schützt vor Strafe nicht. Wenn ich eine Sünde begehe und nicht weiß, dass es eine Sünde ist, so muss mir dennoch klar sein, dass diese Unwissenheit nichts an der Qualität der Handlung als Sünde ändert. Sünde und Gott passen nicht zusammen. Im Herzen weiß jeder Mensch, was falsch und was richtig ist (Gewissen). Gott gab uns allerdings den freien Willen, zu entscheiden, was wir tun. Kommen wir vom Weg ab, können wir jederzeit zu ihm kommen und um Vergebung bitten (Buße). Er vergibt und vergisst, was einmal war.

Siehe 1. Johannes 1, Vers 9: *„Wenn wir unsere Sünden bekennen, ist er treu und gerecht, dass er uns die Sünden vergibt und uns reinigt von jeder Ungerechtigkeit."*

zu Vers 3: Denn die Regenten sind nicht ein Schrecken für das gute Werk, sondern für das Böse. Willst du dich aber vor der staatlichen Macht nicht fürchten, so tue das Gute, und du wirst Lob von ihr haben;

Dies verstehe ich in dem Sinne, dass die Staatsmacht (Polizei) für jeden zur Verfügung steht, der sie braucht.

Dennoch werden bereits in der Erziehung Fehler gemacht. Kinder fürchten sich vor der Polizei, ohne einen Grund dafür zu haben. Erwachsene sollten darauf achten, wie und was sie über die Polizei sprechen. Denn Kinder nehmen das Gesprochene auf und verinnerlichen es. Ich kann mich gut an eine Begebenheit im Winter 1985 erinnern. Meine Aufgabe bestand darin, eine Synagoge zu bewachen. Als ich bei dieser Tätigkeit mein Umfeld beobachtete, näherte sich mir ein Elternpaar, dessen kleines Kind quengelte und offensichtlich nicht zu beruhigen war. Je mehr die Eltern auf den Knaben einredeten, desto aggressiver wurde er. Plötzlich schien der Vater eine Chance zu sehen, sein Kind zu beruhigen. Er sagte laut: „Bub, siehst du den Polizisten dort? Wenn du nicht sofort brav bist, nimmt er dich mit und sperrt dich ein!" Sie können sich sicher vorstellen, wie es mir in dieser Situation erging. Eine derartige ausgesprochene Drohung widerspricht den oben zitierten Vorstellungen Gottes – und selbstverständlich auch den meinen. Derart geprägt – und man kann hier tatsächlich von einem Missbrauch der Staatsmacht für Erziehungszwecke sprechen – wird das Kind sich zukünftig im Bedarfsfall niemals der Polizei anvertrauen.

zu Vers 4: denn sie ist Gottes Dienerin, dir
zum Guten. Wenn du aber das Böse tust, so
fürchte dich! Denn sie trägt das Schwert nicht
umsonst, sie ist Gottes Dienerin, eine Räche-
rin zur Strafe für den, der Böses tut.

Ein erneutes gedankliches „WOW" – für mich ist das der eindeutige Hinweis: Diese Stelle gibt mir geradezu den Auftrag, auch Polizisten zu erretten. Wie viel mehr würde jeder Staatsdiener ausrichten können, wenn er im Einvernehmen mit Gott dient?

Ich möchte an dieser Stelle betonen, dass ich, seitdem Jesus Christus mein Begleiter ist, in der Ausübung meiner Tätigkeit als Polizist sehr zum Positiven verändert wurde. Nicht nur im Umgang mit den hilfesuchenden Menschen, Passanten, Gesetzesbrechern, usw., auch unter meinen Kollegen und in meiner Familie hat sich einiges getan.

Natürlich war das ein Prozess. Erst mit der Entwicklung einer Beziehung zu Jesus Christus war es mir möglich, meine Arroganz abzulegen. Plötzlich wurden mir die Menschen wichtig. Ich interessiere mich nun für sie, sehe und höre ihnen wirklich zu. Sollte es mir möglich sein, dann helfe ich. Das war früher ganz und gar nicht so.

Früher war ich alleine auf mich bezogen, andere interessierten mich nicht.

Explizit eingehen möchte ich des Weiteren auf folgende Bibelstelle:

„... denn sie trägt das Schwert nicht umsonst ...“

Bedarf es dazu noch weiterer Erklärungen?

Ein ehemaliger Kollege bei der Linzer Polizei geriet in Schwierigkeiten, als er sich zu einer religiösen Gruppierung bekannte, die das Tragen von Waffen verbietet. Konsequenterweise verweigerte er in der Folge den Dienst an der Waffe und nahm daher auch an keinem Einsatztraining mehr teil.

Was dann geschah, ist wohl nicht schwer zu erahnen: Er verlor seinen Beruf. Ob aufgrund eigener Entscheidung oder aufgrund Kündigung durch den Dienstgeber, das kann ich nicht beurteilen, es spielt auch keine Rolle. Was ich damit sagen möchte, ist: Wenn jemand einen gläubigen Polizisten dazu bringt, zu denken, er dürfe keine Waffe tragen, dann wird dem Polizeibeamten – wider besseres Wissen oder aufgrund eigener Unkenntnis – diese Bibelstelle vorenthalten.

Jeder hat die Möglichkeit, im Wort Gottes nachzulesen und zu überprüfen, ob eine getätigte Aussage mit der Wahrheit Gottes im Einklang steht. Als ich obige Zeilen las, waren alle Zweifel verschwunden: Ich darf die Waffe tragen und soll sie zur gegebenen Zeit, wenn nötig, auch „richtig" einsetzen. Unter Einhaltung der gesetzlichen Voraussetzungen, das versteht sich wohl von selbst. Vor Gott muss ich mich deswegen aber nicht fürchten. Ich wünschte sehr, dies wäre auch meinem damaligen Kollegen bewusst gewesen.

zu Vers 5: Darum ist es notwendig, untertan zu sein, nicht allein der Strafe wegen, sondern auch des Gewissens wegen.

Wenn Gott sagt, es sei notwendig, untertan zu sein, dann dürfen wir das durchaus wörtlich nehmen. Selbst auferlegte Strafen und die Plagen des Gewissens fallen weg, wenn man Gott treu ist und im sicheren Wissen lebt, dass ALLES bereits durch Jesus am Kreuz „erledigt" wurde. Gott erinnert sich nicht mehr daran, was vorher von uns getan, gesagt, gedacht und in der Folge in unserem Leben und in dem unserer Mitmenschen verursacht wurde.

Diese „Befreiung" setzt natürlich etwas voraus:

„… mit dem Mund zu bekennen, dass Jesus Gottes Sohn ist und mit dem Herzen zu glauben, dass Jesus für unsere Vergehen gestorben ist, auferstanden ist, seitdem lebt und zur Rechten Gottes sitzt (vgl. Römer 10, Verse 9–10)."

Das ist es, was uns wiedergeborene Christen so glücklich macht. Wir brauchen uns nicht mehr damit abmühen, Gott zu gefallen. Wir dürfen ab dem Zeitpunkt, in dem wir Gott in unser Leben einladen, freimütig vor seinen Thron treten, weil wir seine Kinder sind. Daher brauchen wir auch keine Angst mehr zu haben, etwas falsch zu machen.

Mit Demut und Freude dürfen wir all das Schöne erleben, was Gott uns verheißen hat.

Sie, liebe Leser, bemerken sicherlich:

Über all diese Dinge könnte ich eine mehrstündige Predigt schreiben, so groß ist meine Begeisterung. ☺ Aber lassen Sie mich Ihnen noch einen Punkt mit auf den Weg geben: Unerlässlich für ein befreites Leben ist es, wirklich auf der Grundlage der Gnade Gottes zu leben. Sonst kann es gar passieren, dass wir in Depressionen verfallen, weil nichts funktioniert. Wer alles aus dem Gefühl heraus tut, Gott gefallen zu müssen, wird erleben, dass er gar nichts schafft. Ich hingegen verlasse mich auf Gottes Führung und seine Gnade (SEINE Fähigkeit, nicht meine eigene), somit gerate ich nicht unter Druck. Gott wird von mir nie mehr verlangen, als ich in der Lage bin, zu tun. Und in seinem Beisein, das kann ich Ihnen versichern, gelingt ALLES.

Siehe Matthäus 19, Vers 26:

„Was für uns Menschen unmöglich ist, ist bei Gott möglich.“

In diesem Kapitel werde ich nicht näher auf die Gnade Gottes eingehen, denn es gibt dazu ausreichend gute Literatur. Aber das beste und wertvollste Wissen über Gnade erlangt man ohnehin, wenn man im Wort Gottes danach sucht und auf diesem Wege herausfindet, warum Gottes Gnade so wichtig ist. In meiner 4 Jahre dauernden Zeit an der Bibelschule wurden etliche Stunden dafür aufgebracht, uns zu lehren, was Gnade ist, wie diese verwendet wird, wie Gott uns diese Gnade schenkt und auch, dass wir ihn nicht mit guten Werken beeindrucken müssen, um eventuell „mehr“ Gnade zu erhalten. Dass ich errettet bin, entstand schon alleine aus der Gnade und durch Glauben. Dieser Satz ist übrigens auch biblisch, bitte sehen Sie selbst:

Epheser 2, Vers 8: *„Denn aus Gnade seid ihr gerettet durch Glauben, und das nicht aus euch: Gottes Gabe ist es.“*

Es war nicht meine eigene Leistung! Daher: Dank an Jesus.

Kapitel 2

GEFUNDEN - GERETTET - GEHEILT

Mein Zeugnis:

Anerkennungssucht, Arroganz, Ehrgeiz, Rechthaberei, Egoismus, Spöttelei, Zynismus und viele andere negativen Eigenschaften bestimmten mein Wesen und hätten mir wohl den Ruin gebracht, hätte sich nicht am 21. September 2010 alles geändert. An diesem Tag nahm ich Jesus in meinem Leben an.

Wo stünde ich heute, hätte ich diesen Schritt nicht getan? Wäre ich krank, erneut geschieden, in eine Abhängigkeit oder Depression geschlittert?

Seit jeher war ich auf Leistung fixiert und musste überall „gesehen" werden. Ganz egal, was ich begann, ob im Sport, in der Musik, in der Lehre oder im späteren Berufsleben, ob als Vater oder Ehemann, es gab keinen Lebensbereich, der nicht von meinem Streben nach Perfektion durchdrungen war.

Meine Anerkennungssucht gründete aus heutiger Sicht darin, dass ich dachte, mein Vater würde mich nicht lieben. Er war ein begeisterter Fußballspieler und Schiedsrichter, mein Bruder Klaus ebenso. Ich hingegen war in dieser Sportart ein richtiger Tollpatsch. So versuchte ich schon als Kind, wenigstens in anderen Bereichen zu überzeugen, nicht bloß „gut" zu sein, sondern „sehr gut". Mein Vater bemerkte scheinbar nichts von meinen Anstrengungen, oder es war ihm gleichgültig, womit ich ihn beeindrucken wollte. So entstand nach und nach der Zwang in mir, wenigstens anderswo Bestätigung zu finden.

Zunächst absolvierte ich in der Voestalpine AG eine Lehre, bevor ich meinen Präsenzdienst beim Bundesheer ableistete. Anschließend entschied ich mich für eine neue berufliche Perspektive: 1982 begann meine Karriere bei der Bundespolizei Linz, seit 2006 versehe ich meinen Dienst bei der Autobahnpolizei Neumarkt im Mühlkreis, wobei mein beruflicher Schwerpunkt in Schwerverkehrs- und Tiertransportkontrollen liegt.

Nebenbei absolvierte ich (nach einer Scheidung) eine Ausbildung zum Masseur. Verschiedenste Massagetechniken eignete ich mir eifrig an – und erneut erntete ich zwar Anerkennung, verspürte aber keine Zufriedenheit. Mit meiner zweiten Frau beschäftigte ich mich dann verstärkt mit Esoterik, ständig auf der verzweifelten Suche nach „etwas", was doch und doch nicht greifbar schien. Die Thematik rund um die Esoterik möchte ich an dieser Stelle vertiefen, weil ich den Eindruck habe, dass viele Menschen gar nicht wissen, wessen Werk es ist, das uns dazu bringt, uns mit diesen „Lehren" zu beschäftigen und uns dadurch in Wahrheit von Gott fern zu halten. Sie erkennen bestimmt bereits: Ich spreche von Satan.

Und wie gut er darin ist, uns Menschen zu verführen! Wie perfide seine Vorgehensweise ist! Er versucht, die Esoterik in Verbindung mit dem Wort Gottes zu vermischen und dadurch die Menschen zu verwirren. Doch wird bei dieser Vorgehensweise das Wort Gottes nur anteilsmäßig herangezogen, Verse werden aus dem Rahmen gerissen und verdreht, um eine maximale Verwirrung zu erzeugen. Der Mensch selbst wird zum Akteur und Gott außen vorgelassen. Seine Rolle übernehmen „Christus-Energien", das „Universum", etc..

Das Problem ist: Satan kennt die Bibel recht gut. Es ist ihm daher ein Leichtes, das Wort Gottes für seine Zwecke anzuwenden und zu missbrauchen. Wenn man nicht aufpasst, wird man allzu leicht verwirrt, verzückt, geblendet, getäuscht und dadurch zum Spielball des Teufels. Ich würde fast sagen, dass dies die „Masche" in der Esoterik ist: Unsichere Menschen suchen und suchen, geben dabei viel Geld aus, aber verharren letztlich in der Suche. Diese Art von Sinnsuche wird nie einen Sinn ergeben, wenn der Mensch sich dabei über Gott stellt.

Siehe 1. Gebot: „Ich bin dein Herr, Dein Gott – Du sollst keine anderen Götter neben mir haben!"

Auffallend, weil häufig bereits sehr irreführend, ist die Vermarktung im Bereich der Esoterik. Wie häufig haben Sie schon von „Gesundheitsmessen", Workshops und Vorträgen gelesen, groß angekündigt in Zeitungen, an Plakatwänden und im Internet?

Aus meiner eigenen Wahrnehmung kann ich berichten: Was bei so mancher Gesundheitsmesse geboten wird, ist in Wahrheit ein Konglomerat aus Ständen, die dazu dienen, den Besuchern die verschiedensten Spielarten der Esoterik näher zu bringen. Derart überrumpelt, und damit bin ich bestimmt kein Einzelfall, sagte ich mir damals jedoch: „Wenn ich schon hier bin, dann kann ich mich ja einmal umsehen!"

Und glauben Sie mir, sollten Sie ein Suchender sein – sie werden etwas finden. Darum verurteile ich niemanden, der in esoterische Lehren hineinschnuppert, sich angezogen fühlt und anfängt, einige „Künste" aus diesem Bereich zu praktizieren. Mir selbst ging es ja nicht anders: Ich schrieb mich in verschiedenste Kurse ein und landete schließlich beim Prana-Heilen.

Völlig unklar war mir zum damaligen Zeitpunkt, welche unbewussten Verträge ich damit eingegangen war. Beim Prana-Heilen musste ich jedes Mal, wenn ICH jemanden

„heilen" wollte, zunächst meinen spirituellen Meister (nicht Gott!), diverse Gottheiten, Engel, Meister, Schutzgeister etc. „anrufen", um anschließend erfolgreich behandeln zu können. Und das Interessante daran ist: Bei derartigen Behandlungen konnte ich anfänglich sogar sehr gute Erfolge erzielen, alles schien „richtig" und „gut" zu sein – bis ich selber Schmerzen bekam.

Diese begannen im Jahr 2010 mit einem dreifachen Bandscheibenvorfall im Lendenwirbelsäulenbereich. Sehr bald war ich Stammgast bei Orthopäden und Physiotherapeuten. Auf diese Weise erfuhr ich zwar Schmerzlinderung, aber keine Heilung.

Im Sommer desselben Jahres erlitt ich dann einen fünffachen Bandscheibenvorfall im Halswirbelsäulenbereich. Die daraus resultierenden Schmerzen und die schier endlosen, aber nicht von Erfolg gekrönten Untersuchungen trieben mich beinahe in den Wahnsinn. Nahm ich meine Medikamente, fühlte ich mich stark unter Drogen gesetzt, betäubt und wie in einer Nebelwolke, nahm ich die Tabletten allerdings nicht, hatte ich starke Entzugserscheinungen und kaum zu ertragende Schmerzen. Schließlich bemerkte ich auch deutliche Veränderungen an meiner Psyche. Ich war völlig verzweifelt.

Meine Mutter gab mir schließlich die Adresse eines Mannes, der für meine Heilung beten sollte. Obwohl ich nicht glaubte, dass mir dies helfen würde, wollte ich es zumindest versuchen – und lernte dabei einen ganz besonderen Menschen kennen, den ich heute zu meinen besten Freunden zählen darf. Kurz gesagt: Von ihm ging ich damals schmerzfrei nach Hause. Für mich war ein Wunder geschehen.

Was Ärzte, Therapeuten, Medikamente, Alkohol, Esoterik usw. nicht vermochten, schaffte eine einzige Entscheidung. Ich lud Jesus mit meinen eigenen Worten in mein Leben ein, öffnete im Vertrauen mein Herz und bat ihn, sich meiner anzunehmen. Ich war bereit, mich auf Jesus vollständig einzulassen und mich seiner Führung anzuvertrauen. So wurde ich sofort geheilt und bezeuge seither die Existenz von Jesus Christus. Seit diesem Zeitpunkt bin ich zudem Mitglied der überkonfessionellen Vereinigung FGBMFI („Full Gospel Business Men's Fellowship International") in Linz. Diese ist in über 160 Ländern aktiv und dient vorrangig Zwecken der Begegnung und dem Erzählen von Jesus.

Zwei Jahre nach meiner Heilung entschied ich mich zur Absolvierung der Rhema Bibelschule in Wels, um das Wort Gottes noch besser verstehen und weitergeben zu können.

Um an dieser Stelle den Kreis zu schließen: Auch beruflich ist Jesus seither stets an meiner Seite. Wenn daher jemand die Frage aufwirft: „Passt der Polizeiberuf überhaupt mit dem christlichen Glauben zusammen?", so kann ich dies mit Überzeugung bejahen. Denn seit dem Tag, als Jesus in mein Leben kam, (er)lebe ich einen erfüllenden Berufsalltag und brauche mich in keiner Weise mehr gegenüber anderen zu „beweisen". Also: Jesus hat mich geheilt. Durch Ihn durfte ich auch eine totale Änderung meines Wesens erfahren. Der Bibelvers 2. Korinther 5, Vers 17: *„Darum: Ist jemand in Christus, so ist er eine neue Schöpfung; das Alte ist vergangen, siehe, Neues ist geworden."* sagt genau das aus, was mit mir passiert ist. Ich wurde total verändert. Ich bin komplett neu – und zwar von innen heraus.

Angestoßen durch die Spontanheilung, die ich erleben durfte und meine ersichtliche, positive Veränderung, fand auch meine gesamte Familie zu Jesus. Seither herrscht bei Familienzusammenkünften ein lebendiger Dialog über das Wort Gottes. Ich darf Ihnen sagen, wie unendlich dankbar ich dafür bin, dass wir auf diese Weise Liebe und Vergebung in allen Lebensbereichen erfahren dürfen. Gebete, sowie eine tiefe und innige Beziehung zu Gott sind in unserem täglichen Leben zu einem festen Bestandteil geworden.

Es ist mir ein Anliegen, deutlich zu machen, dass Gott stets ein offenes Ohr für uns Menschen hat und Gebete erhört, wenn man um Erfüllung bittet und nach seinem Wort lebt. Ich könnte unzählige Begebenheiten zu Papier bringen, die das belegen, das würde allerdings den Rahmen dieses Buches sprengen. Eine möchte ich Ihnen allerdings nicht vorenthalten:

Einer meiner größten Herzenswünsche war eine gute und vitale Beziehung zu meinem leiblichen Bruder Klaus. Unser Kontakt beschränkte sich bis dato darauf, an Feiertagen aufeinander zu treffen. So betete ich beinahe jeden Tag für seine Heilung (er war alkoholkrank) und um göttliche Führung. Wie schon gesagt, Gott erfüllt JEDES Gebet. Scheinbar von selbst ergab eine Sache die andere: Zunächst wurde er von seinen Rückenschmerzen befreit, dann lernte er einen Evangelisten kennen, der für Jesus öffentlich Zeugnis gab. So fand Klaus nach und nach zu einem tiefen Glauben. Seit November 2011 trinkt mein Bruder keinen Tropfen Alkohol mehr und seine ganze Familie hat Jesus in ihr Leben eingeladen. UND: mein Wunsch wurde erfüllt. Ich treffe meinen Bruder wöchentlich und wir haben Spaß zusammen, tauschen uns aus und können uns jetzt lieben, so wie wir es noch nie zuvor getan haben. Auch Klaus besucht mit seiner Gattin die Bibelschule und sie werden Ende 2018 graduieren. Eines ist gewiss: Gäbe es Jesus nicht in meinem Leben, wäre ALLES anders – und das wahrscheinlich im negativen Sinn.

Ich persönlich gebe Jesus in jeder Minute die Ehre und kann Ihnen nur von Herzen empfehlen, seine Einladung anzunehmen und ihn als persönlichen Begleiter kennen zu lernen. Er streckt seine Hand bereits nach Ihnen aus! Greifen Sie zu!!

Kapitel 3

GLAUBE - DIENST - ALLTAG

Die Anwendung der Bibel im Polizeidienst:

Bevor man die Entscheidung trifft, in den Polizeidienst einzutreten, wird man sich wohl im Klaren darüber sein müssen, dass der Polizeiapparat ein strikt hierarchisch organisiertes System ist. Als ich im Jahr 1982 meinen Dienst antrat, war ich aufgrund meiner Zeit zuvor beim Bundesheer gut auf diesen Umstand vorbereitet. Kurz gesagt: Ich hatte gelernt, mich unterzuordnen.

Genau dieses Erfordernis verursacht bei manchen Menschen Beklemmungsgefühle. Bei mir und meinen damaligen Kollegen war das noch kein Problem. Wir wussten, dass wir lediglich Befehlsempfänger sein würden. Dass wir Aufträge ausführen würden müssen. Dass es Vorgesetzte gäbe, deren

Anweisungen wir nicht zu hinterfragen haben. Wir bekamen ziemlich rasch ein gutes Gespür für Recht und Pflicht. Heutzutage jedoch – so macht es jedenfalls den Eindruck – wird der Begriff „Pflicht" weniger wahrgenommen. Jeder pocht und beharrt auf sein eigenes Recht und meint, jedes Detail seines beruflichen Daseins selbst in die Hand nehmen zu dürfen. Es werden Vorgesetzte kritisiert (zum Teil auch direkt und in unpassender Weise). Gut funktionierende Systeme werden auf den Kopf gestellt, Kollegen in Verruf gebracht, vorgeführt und gemobbt. Allzu schnell meint der Einzelne, unfehlbar zu sein, und stellt nach einiger Zeit doch fest, dass dies der Anfang vom Ende eines erfüllenden Berufslebens ist. Häufig beginnt er dann, Gleichgesinnte zu suchen, um die eigene Position zu rechtfertigen und zu untermauern. Die Folge sind rebellische, vereinte Gruppen, die sich gegen alles auflehnen, was ihnen gerade nicht in den Kram passt. Bringt allerdings auch das nicht die gewünschten „Erfolge", werden Krankenstände in Anspruch genommen, so, als wolle man mit einer selbst diagnostizierten Krankheit zeigen, dass man unabkömmlich sei. Dies alles schreibe ich nicht, weil ich etwas schlechtreden will – nein – ich habe es bei manchen meiner Kollegen erlebt und beobachtet. Auch ich selbst war kurz davor, mich zu isolieren. Getragen vom Gedanken, den Dienst zu quittieren und mich anderweitig umzusehen nach einer Stelle, wo ich vielleicht „gebraucht" werden könnte.

Erkennen Sie die Vorgehensweise? Der *Lügner, Satan,* redet uns ein, Recht zu haben und lässt uns glauben, alle müssten uns beipflichten denn sonst: Etc., etc...

Johannes 10, Vers 10 weist darauf hin, dass wir erkennen sollen, wie der *Dieb* (Teufel) in das System – und da gehört jeder einzelne dazu – eingreifen will, um die von Gott eingesetzte Staatsmacht zu untergraben und zu zerstören. Er kommt, um zu stehlen, zu töten und zu verderben. Aber JESUS ist gekommen, damit wir das Leben haben und dies im Überfluss.

Als junger Polizist steigt man in dieses Neuland ein und ist gespannt, was alles so auf einen zukommt. Dass die Polizei ein uniformierter, militärisch organisierter Staatsbetrieb ist, ist im Römerbrief – wie oben beschrieben – auch genau erwähnt, doch wer hat sich zu seinen beruflichen Anfängen bereits damit auseinandergesetzt? Wohl die Wenigsten.

Viele Menschen sind durch die Menge verschiedenster Erlebnisse, Eindrücke und Informationen derart überfordert, dass sie nicht mehr wissen, was falsch oder richtig ist. Wir müssen erkennen, dass der *Feind* hier gute Arbeit leistet. Der Mensch hinterfragt nichts mehr und sucht auch nicht mehr nach der Wahrheit. Stattdessen tut er das Seinige dazu und es wird immer komplizierter, da die Wahrheit mehr und mehr verwischt wird. Erinnern wir uns an Eva im Paradies: Was hat der Teufel (Schlange) mit Eva gemacht? Er verwirrte sie mit der Frage: „Hat Gott wirklich gemeint, ...?"

Eva wurde durch ihre Neugier zum Ungehorsam verleitet und entschied wider besseren Wissens. Die daraus resultierenden Folgen sind wohlbekannt. Ich möchte Sie ausdrücklich warnen: Diese „Masche" verwendet Satan heute noch immer.

Wie ist nun die Bibel im Dienst, also in der Praxis, anwendbar? Wer bereits wiedergeborener Christ ist, wird diese Frage eigenständig beantworten können. Allerdings weiß ich aufgrund meiner Befragungen auch, dass viele Christen (unter anderem auch wiedergeborene Christen) noch nie in der Bibel gelesen haben. Sie kennen zwar manche von den bereits zitierten Bibelstellen, aber oft nicht vollständig und dann werden sie teilweise sogar aus dem Zusammenhang gerissen.

Bevor ich Jesus bewusst im Glauben als meinen Retter annahm und in mein Leben einlud, war ich selbst auch ein solcher Christ: Zwar römisch-katholisch aufgewachsen, erzogen und im Religionsunterricht gewesen, doch wirklich verstanden hatte ich nichts – und merken konnte ich mir auch nichts. Stets begleitete mich das Gefühl, etwas zu versäumen. Ich wusste nicht, wofür ich eigentlich lebe und wie ich Gott in meinem Leben wirken lassen könnte. Was ich für Gott tat, tat ich aus Pflichtgefühl. Sonntagsgottesdienst war eine Selbstverständlichkeit, doch war ich immer heilfroh, wenn diese ständig gleichen Rituale endeten und die Sonntagsmesse vorüber war. Das Bibellesen war für mich eine Qual. Mir wurde ja auch nie gelehrt, wie ich dies tun sollte. Geschweige denn, dass ich jemals etwas über göttliche Heilung, Wiederherstellung, Befreiung, etc. gehört, gesehen, oder gelesen hätte. Ich will hier in keiner Weise eine andere Denomination herabwürdigen, bin allerdings, seitdem ich gläubiger und freier Christ bin, auf Gottes Seite und vollkommen seiner Meinung, wenn er in Hosea 4, Vers 6 spricht:

„Mein Volk kommt um aus Mangel an Erkenntnis."

Meine Spontanheilung führte mir vor Augen, dass diese nur durch Gott passieren konnte. Was war die Folge? Ich begann in der Bibel nach der Wahrheit zu suchen!

Ich empfehle JEDEM, welcher Denomination man auch angehören mag, alles, was man hört, auch über Gott, zu hinterfragen, zu prüfen und erst dann zu handeln.

Auch hierzu gibt es eine entsprechende Bibelstelle, die viele zwar kennen, aber nicht anwenden.

In 1. Thessalonicher 5, Vers 21 gibt Gott uns folgenden Auftrag: *„Prüft ALLES, das Gute haltet fest."*

Ob Inhalte aus Predigten, Informationen aus den Medien, Aussagen von Mitmenschen, ... ich prüfe tatsächlich alles, wenn ich die Möglichkeit dazu habe. Kann ich das Herausgefundene im Herzen annehmen, dann behalte ich es genau da. Wenn allerdings nicht? Dann lasse ich die Aussage – wertfrei – stehen, gebe sie aber nicht weiter.

Bevor ich zur Arbeit fahre, bete ich. Ich bete dafür, dass meine Kollegen göttlichen Schutz erhalten, ebenso wie die Menschen, mit denen wir dienstlich zu tun haben werden. Ich erbitte dabei auch, dass Gott mir einen Wächter vor meine Lippen stellt, damit ich nicht in die Falle gerate, meine Kollegen und andere Menschen zu kränken, zu beleidigen oder zu verletzen. Ich bitte darum, er möge meine Zunge dazu anleiten, das Richtige zur richtigen Zeit zu sagen. Meistens gelingt es mir (aber ich bin ja auch nur ein Mensch (☺).

Ich lasse zu, dass mein Herz durch Gott verändert wird. Folgender Bibelvers hilft mir dabei:

Jesaja 11 Verse 2–3: 2 *„Der Geist des Herrn wird auf ihm ruhen, der Geist der Weisheit und der Einsicht, der Geist des Rates und der Kraft, der Geist der Erkenntnis und der Ehrfurcht vor dem Herrn. 3 Dieser Mann wird den Herrn von ganzem Herzen achten und ehren. Er richtet sich nicht nach dem Augenschein und fällt seine Urteile nicht nach dem Hörensagen." (Hoffnung für Alle Übersetzung).*

Natürlich gelange auch ich immer wieder in Situationen, die mich derart verängstigen, dass ich für einen Moment keinen Ausweg mehr sehe. Doch dann erinnere ich mich an meinen Lieblingspsalm, *Psalm 91,* der mich die Liebe Gottes und seinen Schutz („..unter seinem Schirm...") verspüren lässt. Gerate ich in eine empfindliche, gefährliche, unruhige, verwirrte Situation im Rahmen einer Amtshandlung, so setze ich, nahezu reflexartig und im Stillen, diesen Psalm ein. Die unmittelbare Folge, eine mit nichts vergleichbare Ruhe in mir, fasziniert mich jedes Mal aufs Neue.

Wenn man mit Liebe sagt, was man meint (und dies gelingt natürlich nur in der Kraft der Ruhe), ist die Reaktion der Menschen oft ganz erstaunlich. Hierzu ein Beispiel: Nach einer geringfügigen Verkehrsübertretung hielt ich einen Schwarzafrikaner zur Lenker- und Fahrzeugkontrolle an. Sofort begann er, am ganzen Körper zu zittern. Hatte er schon negative Erfahrungen mit Polizisten gemacht? Das schien mir sehr wahrscheinlich. Daher erklärte ich ihm sanft und freundlich den Grund meiner Anhaltung und fragte ihn, warum er in der bereits eingesetzten Dämmerung ohne Licht fahre. Sofort beruhigte er sich und sagte: „Entschuldigung, die Straßenbeleuchtung ist so hell, ich war der Meinung, mein Licht sei eingeschaltet." Darauf entgegnete ich: „Gut. Dann schalten sie bitte das Licht jetzt ein. Ich wünsche ihnen eine unfallfreie Weiterfahrt und Gottes Segen. Grüß Gott." Ich weiß natürlich nicht, was dieser Mann dachte, aber ich erkannte in seinem Gesichtsausdruck, dass er diesen glimpflichen Ausgang der Amtshandlung nicht erwartet hatte.

Wesentlich ist: Man kann auch mit Liebe strafen. Hier werden manche Leser wohl die Stirn runzeln. Ich sage nicht, dass man jemanden umarmen oder liebkosen soll.

Aber, wenn man dem Gegenüber bestimmt und liebevoll klar macht, wobei er „erwischt" worden ist, wird er das Vergehen erkennen und auch eine mögliche Bestrafung leichter akzeptieren. Trotz- oder Wutreaktionen bleiben so in der Regel aus. Übrigens: Genau so sollten wir Christen, wenn wir selbst sündigen, Buße tun, im Geiste und im Handeln umkehren und Gott um Vergebung bitten.

Als ich im Jahr 2010 errettet wurde, bat ich Gott öffentlich, während eines Gottesdienstes, um Vergebung. Es schien mir sehr wichtig, meine Seele zu reinigen. Ob ich bewusst oder unbewusst Mitmenschen beleidigt, gekränkt, verspottet oder verletzt hatte – ich empfand tief in mir Reue und suchte Vergebung. Allzu oft bemerken wir gar nicht, dass wir jemanden verletzen, wenn wir über ihn reden (oder auch nur Negatives über ihn denken!). Man kann Verdammnis, Angst, Lügen usw. verbreiten, aber genauso Wahrheit, Liebe und Frieden. Gott sagt in Sprüche 18 Vers 21: *„Tod und Leben sind in der Gewalt der Zunge, und wer sie liebt, wird ihre Frucht essen."*

Hier geht es nicht nur darum, wie ich über jemand anderen spreche oder denke, sondern – und das möchte ich hervorheben – auch über mich selbst.

Mir ist bewusst, dass die Anwendung des Wortes Gottes im Polizeidienst nicht einfach ist. Es ist aber nicht unmöglich. Gott weiß das und er steht uns mit seiner Gnade bei.

Was ich sofort feststellte, als ich mich auf Gott einließ, war der Umstand, dass mich mein Umfeld (Freunde, Kollegen, Familie) ab diesem Zeitpunkt genauer unter die Lupe nahm als zuvor. Fehler, die mir unterliefen, wurden schneller angeprangert („DU willst ein guter Christ sein?"). Positives wurde eher übergangen, denn immer entsprechend gut und richtig zu handeln gehört sich ja ohnehin für einen Christen. Allzu häufig wird dabei vergessen, dass auch Christen Menschen sind, die Fehler machen können und dürfen. Bitte nehmen Sie aus diesem Kapitel für sich mit: Sehen wir uns der Kritik anderer ausgesetzt, so sollten wir uns nicht rechtfertigen müssen. Natürlich spricht im Interesse eines harmonischen Miteinanders nichts gegen eine Entschuldigung oder das Einräumen eines Fehlers. Wir sind aber in Christus bereits vor Gott gerechtfertigt, deswegen erhalten wir SEINE Vergebung, wenn wir einen Fehler erkennen und vor ihm bekennen – Amen!

Nachdem mich also meine Mitmenschen eine Weile beobachtet hatten, begannen sie, mir Fragen zu stellen. Einige fragten, ob man das, was ich da tat und erzählte, überhaupt ernst nehmen könne. Manche stellten mein Wissen auf die Probe.

Wieder andere baten mich um Unterstützung, weil sie die Veränderungen, die sie an mir sahen, auch für ihr eigenes Leben haben wollten.

Wie ich mit all dem umging? Ganz einfach: Wenn man ehrlich und loyal zu Gott steht, setzt er den Geist der Wahrheit und den Geist der Weisheit frei, um dem Gegenüber das zu geben, was er in diesem Moment benötigt. In manchen Situationen fühlte und fühle ich mich als Seelsorger meiner Kollegen. Denn auch sie suchen – und wissen zum Teil gar nicht, wonach.

Nicht ich und meine persönlichen Ansichten und Meinungen leiten derartige Gespräche, nein, es ist der Geist Gottes (der Heilige Geist). Ansonsten läuft das Gespräch Gefahr, manipulativ zu werden.

Mit dem Stichwort „Manipulation" wären wir auch wieder bei der Esoterikbranche angelangt. (Sinn-)Suchenden wird allerlei versprochen, Geld fließt in nicht unbeträchtlichen Mengen – aber was kommt wirklich dabei heraus?

Der Mensch, der selbst die Erlösung sucht, vergisst, dass er sich dabei über Gott stellt.

Siehe 1. Gebot: *„Ich bin dein Herr, Dein Gott – Du sollst keine anderen Götter neben mir haben!"*

Zum Abschluss dieses Kapitels möchte ich mich mit den Bibelstellen über die Werke des Fleisches und die Frucht des Geistes auseinandersetzen.

Wenn man im Galaterbrief das Kapitel 5 studiert und sich selbst hineinprojiziert, dann kann man erkennen, ob jemand im Fleisch (im vom Wort unerneuerten, seelischen Teil seines Wesens) wandelt oder im Geist Gottes. Die angesprochene Frucht erntet jeder für sich. Sie kann auch durchaus grundverschieden sein, abhängig vom individuellen Streben. Aber ich bin mir fast sicher, dass im tiefsten Herzen eines jeden Menschen die Sehnsucht nach Liebe, Geborgenheit, Freundlichkeit und Gemeinsamkeit verborgen ist und gelebt werden will.

Gehen wir nun zu *Galater 5, Verse 19–21*, in denen die Werke des Fleisches aufgezählt werden:

19 Offenbar aber sind die Werke des Fleisches; es sind: Unzucht, Unreinheit, Ausschweifung,

20 Götzendienst, Zauberei, Feindschaften, Streit, Eifersucht, Zornausbrüche, Selbstsüchteleien, Zwistigkeiten, Parteiungen,

21 Neidereien, Trinkgelage, Völlereien und dergleichen. Von diesen sage ich euch im Voraus, so wie ich vorher sagte, dass die, die so etwas tun, das Reich Gottes nicht erben werden."

Finden Sie sich hierin wieder, so gebe ich Ihnen den Rat, SOFORT zu beginnen, nach Jesus zu suchen. Denn er – und nur er – ist in der Lage, eine Veränderung herbeizuführen.

Stellen wir uns nun gedanklich einen Polizisten vor, der genau diese fleischlichen Züge in sich trägt und auch auslebt. Möchten Sie gerne mit so einer Person in Berührung kommen? Ich kann Ihnen die Antwort geben: Privat nicht, und schon gar nicht im Rahmen einer – an sich vielleicht schon unangenehmen – Amtshandlung.

Daher ist es für mich immer ganz besonders erfreulich, wenn Kollegen Jesus Christus ins Herz einladen, damit unser Geist wiedergeboren, das heißt neues geschaffen wird und wir dann unter seiner Führung leben können. Dann wird es auf einmal möglich und leicht, die Frucht des Geistes zu entwickeln und auszuleben durch Gottes Leben in uns.

Die da lautet in *Galater 5, Verse 22 – 24:*

22 Die Frucht des Geistes aber ist: Liebe, Freude, Friede, Langmut, Freundlichkeit, Güte, Treue,

23 Sanftmut, Enthaltsamkeit. Gegen diese ist das Gesetz nicht gerichtet.

24 Die aber dem Christus Jesus angehören, haben das Fleisch samt den Leidenschaften und Begierden gekreuzigt.“

Die erste Frucht ist die *LIEBE*, aus ihr erwächst alles Gute.

Wer meint, sie und alle anderen Eigenschaften rasch und vollends zur Entfaltung bringen zu können, wird schnell kläglich scheitern und erkennen: Es ist dafür vielmehr ein Prozess des immer wieder Freisetzens und Säens der Frucht des Geistes erforderlich. Nur dadurch werden wir die Frucht des Geistes verstärkt ernten. Das ist unser christliches Ziel, das uns und auch unser Umfeld schlagartig verändern kann.

Lasst uns Zeugen dafür sein, dass die geschriebenen, inspirierenden Worte Gottes wahr werden – für JEDEN Menschen. Gott steht hinter seinem Wort. Ganz egal, wo Ihr Problem liegt, welche Verletzungen Sie haben, welche Sünden Sie sich aufgeladen haben. Es gibt einen Weg, der uns aus dem Sumpf der Verdammnis herausbringt und die Lügen des Teufels zerstört.

Im Folgenden erlauben Sie mir, liebe Leser, persönlich zu werden und ganz bewusst vom „Sie" zum „Du" zu wechseln. Ich biete DIR nämlich nun an, Dein Leben in Gottes Hände zu geben. Nur Er kann Dich retten. Jesus ist genau für Dich ans Kreuz gegangen, hat Deine Sünden bezahlt, ist für Dich gestorben und hat den Tod besiegt. Wenn Du dies mit dem Herzen glauben kannst und auch mit Deinem Mund bekennst, wirst Du erleben, wie Jesus Wundervolles in deinem Leben vollbringt.

„Dass, wenn du mit Deinem Mund Jesus als Herrn bekennen und in Deinem Herzen glauben wirst, dass Gott ihn aus den Toten auferweckt hat, du gerettet werden wirst. Denn mit dem Herzen wird geglaubt zur Gerechtigkeit, und mit dem Mund wird bekannt zum Heil." Siehe Römer 10,9–10.

Dazu biete ich Dir folgende Worte an, die Du im Glauben laut aussprechen sollst. Also konzentriere Dich, fühle tief ins Herz und lies bitte laut:

Lieber Herr Jesus Christus,

Ich nehme Deine Einladung an und komme zu Dir mit all meinen Sünden, Problemen und Abhängigkeiten.

Ich wende mich ab von allem Bösen hin zu Dir, Herr.

Was ich jetzt mit meinen Worten bekenne, glaube ich im tiefsten Herzen.

Du bist der Sohn des lebendigen Gottes. Du bist für mich am Kreuz gestorben.

Meine Sünden hast Du bezahlt.

Du hast den Tod besiegt und lebst seither in der Ewigkeit.

Ich gebe Dir mein Leben und bekenne, dass Du jetzt mein Herr und Gott bist.

Bitte gib mir Deinen Heiligen Geist.

Ich vertraue Dir und überlasse mich Deiner Führung.

In Jesu wunderbaren Namen!

AMEN

Du hast mit diesem Gebet einen guten Entschluss gefasst, denn dadurch hast Du Dich der göttlichen Führung unterstellt. Jetzt darfst Du Dich als ein Kind Gottes bezeichnen.

Du bist vor ihm durch Jesus gerecht gemacht worden und darfst freimütig, ohne Scham und Furcht, vor Gottes Thron treten, und um alles bitten, was Seinem Willen, nämlich dem Wort Gottes entspricht. Gott, der Dich liebt, wird Dir aus jeder Not heraushelfen, weil es sein Wille ist. Dazu müssen wir natürlich unseren Glauben entwickeln, und der Glaube kommt durch das Hören des Wortes Gottes (Römer 10, Vers 17). DENN: Der biblische Glaube beginnt dort, wo Gottes Wille bekannt ist. „Und wie lerne ich Gottes Willen kennen?", wirst Du nun denken? Ganz einfach. Lies' sein Wort, die Bibel. Besuche eine Gemeinde, eine Kirche, eine Gemeinschaft, einen Bibelkreis. **Außerdem** kann ich *nebenbei* noch empfehlen gute Bücher zu lesen, wie sie wirklich vom Shalom-Verlag angeboten werden, die Offenbarungserkenntnis aus der Bibel beinhalten und Dir dadurch echten tiefen Glauben vermitteln können. Es gibt 1000 Möglichkeiten. Aber tue es! Dann wirst Du auch nie wieder beten: „Lieber Vater, wenn es Dein Wille ist, ...". Besser jedoch wäre es, Gottes Willen zu kennen und sich deswegen im Gebet konkret auf eine Verheißung zu verlassen. Ab dem Zeitpunkt, in dem Du das Amen gesprochen hast, ist die Erfüllung deiner Bitten Gottes Anliegen.

Sei mutig und treu, denn nur so können wir etwas bewirken.

Gott hat kein größeres Verlangen, als Dich zu segnen und mit Gnade, Liebe, Freude und Zuversicht zu umgeben, und in Deinem Leben offenbar zu werden. Du bist nun im Buch des Lebens eingetragen und brauchst Dich vor nichts mehr zu fürchten. Erkenne und lebe dies. Dann sind es keine lauen Versprechungen. Das Gute daran ist, dass auch Deine Mitmenschen erkennen werden, dass Du Dich verändert hast. Bald werden sie „DAS" haben wollen, was Du hast. Lebe es, bezeuge es, tue es ..... !!!

Solltest Du noch nicht ganz überzeugt sein, so lasse Dich bitte nicht entmutigen. Setze Deinen Samen selbst und lass ihn wachsen. Irgendwann, wenn Du das Bedürfnis hast, Gott in Dein Leben lassen zu wollen, ist Gott da – er steht bereits vor Deiner Tür. Setze Dich nicht unter Druck, Gott sieht in Dein Herz und er weiß, wer Du bist und wofür er Dich geschaffen hat. In Liebe verbleibe ich in diesem Kapitel und hoffe für Dich, dass Du Gottes Kraft auch im Polizeidienst – so wie in jedem anderen Beruf – einsetzen wirst.

Kapitel 4

FRAGEN - MEINUNGEN - STATISTIKEN

Meinungsumfrage / Interviews

In diesem abschließenden Kapitel erhalten Sie, liebe Leser, einen Einblick in die Auswertung der Fragebögen, die ich per E-Mail, Messenger, Facebook, Brief oder persönlich übermittelte. Von den insgesamt 571 Fragebögen wurden 381 beantwortet zurückgeschickt (das bedeutet eine Rücklaufquote von 66 %, ein Ergebnis, mit dem ich sehr zufrieden bin).

Bei den Befragten handelte es sich um Freunde, Bekannte, Kollegen, Menschen vom In- und Ausland (Österreicher, Deutsche, Schweizer, Amerikaner, Bosnier, Kroaten, Rumänen), Leute von denen ich wusste, welchem Glauben sie angehören (wie Christen, Muslime, Buddhisten, usw.), Leute von denen ich nicht wusste, woran sie glauben, verschiedenste Berufsgruppen ...

Lassen Sie es sich nicht nehmen, die Fragen auch selbst zu beantworten, bevor Sie die Ergebnisse der Umfrage und meine Analyse lesen – Sie werden sehen, wie ungeheuer spannend das ist.

Nun zum Fragebogen:

1. Bist Du Christ?

2. Wenn nein – Welcher Glaubensrichtung gehörst Du an?

3. Wie ist Deine Einstellung zum Christentum? Die Denomination ist in diesem Fall unerheblich.

4. Kennst Du persönlich eine(n) Polizist/in (den Autor ausgeschlossen)?

5. In welcher Beziehung stehst Du zu ihm/ihr?

6. Wie beurteilst Du diese Person generell als Mensch?

7. Kann ein Polizist ein „normaler Mensch" im Alltag sein? Begründe Deine Antwort.

8. Kann ein Polizist einen christlichen Glauben haben? Begründe Deine Antwort.

9. Welche Vorteile / Nachteile glaubst Du, hat ein christlicher Polizist allgemein – Privat / Berufsalltag?

10. Nach Gesprächen mit vielen Polizeikollegen habe ich erfahren, dass mindestens 90% nicht in der Bibel lesen. Woran könnte das Deiner Ansicht nach liegen?

11. Wie viele Polizisten kennst Du persönlich, die in der Bibel lesen?

12. Beschreibe Deine Empfindung, wenn Dir ein Polizist anböte, für Dich zu beten. Würde es einen Unterschied für Dich machen, ob dieses Angebot von einem Polizisten oder einem Vertreter einer anderen Berufsgruppe kommt? Wenn ja, warum?

13. Wie meinst Du, würden Menschen einem Polizisten gegenübertreten, von dem sie wüssten, dass er sein Christsein auch im Beruf lebt?

Die Fragebögen wurden anonym behandelt und nach Auswertung vernichtet. Dies wurde den Befragten auch im Vorhinein zugesichert.

Die Ausarbeitung der Fragebögen war umfangreich, da nicht nur mit JA oder NEIN geantwortet werden sollte. Einige Fragen wurden offen gestellt und es durften richtige Meinungen geäußert werden. Die besten Antworten sind hier wortgetreu niedergeschrieben und die restlichen ähnlichen Rücksendungen allgemein verwendet worden.

Frage 1: Bist Du Christ?

JA: 70%

Frage 2: Wenn nein – Welcher Glaubensrichtung gehörst Du an?

NEIN: 30%   Atheisten: 1%

Ohne Bekenntnis: 6%

Andere (Muslime,

Buddhisten,...) 23%

Es war interessant, dass ich nur bei der Frage 2 bei NEIN wissen wollte, welche Glaubensrichtung sie angehören. Doch beharrten bereits beim JA 12% sie als römisch-katholisch zu vermerken. Der Rest von 58% haben angegeben, der pfingst-lich charismatischen, evangelikalen, evangelischen, methodistischen, oder der baptistischen Denomination anzugehören. Das zeigt eigentlich, wie wichtig es dem Einzelnen ist, welcher Denomination er angehört.

30% beantworteten die Frage mit „Nein": Neben jenen Personen, die sich zu anderen Religionen zugehörig fühlen, fallen darunter Atheisten. Überraschend fand ich, dass 6% angaben, zwar keine Christen, aber dennoch eindeutig dem christlichen *Glauben* verbunden zu sein. Sie antworteten daher konsequenterweise mit „Nein" (und fügten erläuternd obige Klarstellung hinzu).

Im letztgenannten Fall gehen die Ursachen übrigens alle in eine ähnliche Richtung (siehe später): Enttäuschung, Verzweiflung, Verängstigung, Verärgerung, Verwirrung und dergleichen. Bei mir war es nicht anders, bis eine neue Erfahrung mit Jesus bewirkte, dass ich zu einem Christ aus Überzeugung wurde. Damit änderten sich meine Einstellung zum Wort Gottes und meine Beziehung zu Gott Vater, Jesus und dem Hl. Geist. Ich lernte Jesus kennen, wie ich ihn zuvor nie vermittelt bekommen hatte – und damit begann sich mein Leben zu ändern.

Frage 3: Wie ist Deine Einstellung zum Christentum?
Die Denomination ist in diesem Fall unbedeutend.

Sehr gut:	54%
Gut:	12%
Schlecht/Negativ:	4%
Keine Angabe:	12%
Eigene Meinung:	18%

Mehr als die Hälfte der Befragten hat demzufolge eine sehr gute Einstellung zum Christentum. Bei den Antworten „GUT" und „keine Angabe" wurden von den Befragten keinerlei Erläuterungen hinzugefügt. Interessanterweise meinten im Gegensatz dazu jene, die eine schlechte bzw. negative Meinung äußerten, dass sie diese begründen sollten.

Genannt wurde in diesem Zusammenhang:

- Die Einforderung eines Kirchenbeitrages
- Selbst vom rechten Weg abgekommene Würdenträger (Kindesmissbrauch, „Wasser predigen und Wein trinken", etc.)
- Mangelnder Bezug zu Gott
- Fehlender Glaube an die Existenz eines Gottes
- Glaube an mehrere Gottheiten

- Atheistische Antworten: Sie beriefen sich auf die Inquisition im Mittelalter, die Kreuzritterzüge, usw.

Unter dem Punkt „EIGENE MEINUNG" werden all jene Antworten zusammengefasst, die von den Befragten abgegeben wurden, ohne sich konkret zum Christentum im Sinne einer Wertung zu äußern. Dies erfolgte zum Teil unter Zitierung von Bibelstellen:

- Tragen der Liebe Gottes im Herzen

- Glaube an die Dreieinigkeit

- Johannes 10,10: *Der Dieb kommt nur, um zu stehlen, zu töten und zu verderben. Ich bin gekommen, damit sie das Leben haben und es im Überfluss haben.*

- Johannes 14,6: *Jesus spricht zu ihm: Ich bin der Weg und die Wahrheit und das Leben. Niemand kommt zum Vater als nur durch mich.*

- Römer 5,5: *die Hoffnung aber lässt nicht zuschanden werden, denn die Liebe Gottes ist ausgegossen in unsere Herzen durch den Heiligen Geist, der uns gegeben worden ist.*

- Eine persönlich gestaltete Beziehung zu Jesus Christus

- Wachsender Glaube an die Wahrheit des Wortes durch den Besuch einer Bibelschule.

Einige dieser Rückmeldungen lassen darauf schließen, dass die Esoterik mit dem christlichen Glauben stark vermischt wird:

Beispiele:

- Glaube an etwas Höheres (im Sinne einer übergeordneten Macht).

- Wirken von Gott in allem, durch alles und für alles.

- (Aus)Leben von christlichen Werten – unabhängig vom Vorhandensein oder Nichtvorhandensein eines Glaubens an Gott.

- Vorstellung von einem „System" der Wiedergeburt, wonach man die Möglichkeit hat, Erkenntnisse der vorangegangenen Leben zu nutzen, um näher und näher zur Erleuchtung zu gelangen.

- Kritische Aufgeschlossenheit: Folgende Aussage darf ich in diesem Zusammenhang beispielhaft zitieren: „Ich bin kritisch der Bibel gegenüber, weil ich glaube, dass es mehr gibt. Aber einen einzigen Gott? Vielleicht bin ich noch nicht so weit."

- Äußerung von durchwachsenen Gefühlen in Bezug auf das Christentum (Erinnern an die Vergangenheit, etwa an die Kreuzzüge).

All jenen, die sich entsprechend der obigen Punkte geäußert haben, sowie auch jenen, die ähnlich empfinden, möchte ich auf diesem Wege anbieten, mit mir über Gott zu sprechen. Denn allzu gut kenne ich die Verwirrung und die Zerrissenheit aus eigener Erfahrung. Wenn Menschen zwar an etwas Höheres glauben, aber nicht wissen, woran, möchte ich bezweifeln, dass ihnen christlicher Glaube und christliche Werte so vermittelt wurden, wie es Gottes Wille ist. Ich hoffe und bete für alle, dass die Wahrheit gefunden werde: „Das Höhere" ist Gott! Erst wenn wir dies verstanden haben, können wir wirklich frei sein. Siehe auch Johannes 8,32: „...und ihr werdet die Wahrheit erkennen, und die Wahrheit wird euch freimachen."

Frage 4: Kennst Du persönlich eine(n) Polizist/in (den Autor ausgeschlossen)?

zusammengefasst mit

Frage 5: In welcher Beziehung stehst Du zu ihm/ihr?

Ja:	82%
	15% (sogar „mehrere")
Nein:	13%

Keine Angaben: 5%

Keine Beziehung: 12%

Familiär: 16%

Befreundet: 23%

Bekannt: 35%

Keine Angaben: 14%

Bei den Antworten „befreundet" und „bekannt" sind mehrere Antworten gegeben worden. Zum Beispiel, wenn jemand angegeben hat, mehrere Polizisten zu kennen – jedoch keine Beziehung zu ihnen habe.

Bei befragten Polizisten gab es selbstverständlich Antworten wie „mehrere Kollegen/Innen" in befreundeter und dabei noch viele in bekannter Beziehung.

Frage 6: Wie beurteilst Du diese Person generell als Mensch?

Interessante Frage – spannende Antworten. Interessant deswegen, weil ich überrascht war, wie die Menschen Polizisten privat beurteilen. Es fiel bei der Beurteilung kein einziges negatives Wort – ein Ergebnis, das ich in dieser Eindeutigkeit nicht erwartet hatte.

Hier ein Auszug dessen, was ich über uns Polizeibeamten lesen durfte: Nett, erfolgreich, hilfsbereit, sehr zuvorkommend, höflich, charmant, lustig, gerecht, kooperativ, vertrauenswürdig, sympathisch, ein ganz normaler Mensch mit Ecken und Kanten, angenehm, rücksichtsvoll, verständig, guter Charakter, verlässlich, ordnungsbewusst, keine großen Fehler, absolut positiv, integer, besonnen, willensstark, konsequent aber auch verständnisvoll, sportlich, u.v.m.

Die einzige abweichende Ansicht, die ich Ihnen selbstverständlich nicht vorenthalten möchte, war die folgende: „... macht einen unsicheren Eindruck ... und ist auch etwas hart manchmal ...".

Frage 7: Kann ein Polizist ein „normaler Mensch" im Alltag sein? Begründe Deine Antwort!

Ja:	83%
Nein:	5%
Keine Angaben:	1%

Ja und Nein: 6%

Andere Gründe: 5%

Bei der Antwortmöglichkeit „Ja" wurde häufig erläuternd festgehalten, dass selbstverständlich auch der Polizeibeamte ein Alltagsleben führe. Er gründe Familie, lebe Freundschaften, erziehe Kinder, praktiziere Sport und andere Hobbys. Angemerkt wurde gelegentlich, dass sich berufliche Gewohnheiten im Privatleben manifestieren und dieses stören könne. Denn einerseits seien die Dienstzeiten oft nicht gerade familienfreundlich, andererseits müssten häufig traumatische Erfahrungen verarbeitet werden (wesentlich sei es, so manche der Befragten, hier auf eine strikte Trennung von Berufs- und Privatleben zu achten).

Einige Personen gaben interessanterweise an, wenn sie nicht zufällig erfahren hätten, dass der betreffende Bekannte Polizist ist, sie dies nicht für möglich gehalten hätten.

Wenige merkten an, dass vor Gott alle Menschen gleich seien. Weitere Befragte konnten mit dem Wort „normal" nichts anfangen und schrieben demzufolge, dass sie die Frage nicht verstanden hätten.

Andere meinten, dass Polizisten in JEDER Situation die Arbeit auch ins Private mittragen würden.

Bemerkenswert ist auch, wie viele Personen anlässlich der Befragung die Hoffnung hegten, dass jeder Polizeibeamte über ausreichend familiären Rückhalt verfüge.

Im Folgenden drei Beispiele für Antworten zur Fragestellung Nr. 7, die doch sehr unterschiedlich sind:

- WAS IST NORMAL: „Mit beiden Beinen auf dem Boden, mit dem Kopf im Himmel. Wenn wir gemäß dem Wort Gottes leben, leben wir oft gegen den Mainstream, also sehr oft gegen das, was in der heutigen Gesellschaft „normal" ist und das kann sehr herausfordernd sein, nicht nur als Polizist. Ich möchte das Evangelisieren, das Gebet für Menschen nicht mindern – es ist die wichtigste und schönste „Arbeit" auf dieser Welt. Aber jeder Chef erwartet gute Arbeit, ob Christ oder nicht, und dafür werden wir bezahlt."

- Ob jemand betet, oder nicht, ob jemand gut arbeitet, oder nicht, ob jemand Christ ist, oder nicht? Ich gehe prinzipiell davon aus, dass jeder gut arbeitet. ☺

- Gestatten Sie mir hierzu folgende Anmerkung: Paulus sagte bereits: *„Ich schäme mich des Evangeliums nicht."* *(Römer 1,16).* Ich bin überzeugt, dass ich während der

Arbeit auch beten kann/soll/muss – durchaus im Stillen – und dabei meine Arbeit gut (oder vielleicht sogar noch besser? ☺) verrichte.

- NEIN: „Glaube ich nicht, da er „immer im Dienst" steht. Wenn er etwas sieht, das schwerwiegend nicht in Ordnung ist, muss er eingreifen, da er die nötige Ausbildung dazu hat, wie er in dieser Situation richtig reagieren soll. Ein normaler Mensch kann/soll/wird sich aus einer gefährlichen Situation raushalten."

An dieser Stelle werden sich viele von Ihnen Gedanken darüber machen, wie Sie selbst reagieren würden, wenn Sie Zeuge einer brenzligen Situation würden. Würden sie einfach vorübergehen, selbst, wenn jemand Hilfe benötigte? Wie lautet Ihr persönliches Verständnis von Zivilcourage?

- JA: „Ich glaube, dass man in vielen Berufsgruppen mehr als nur einen Job macht, sondern eine Berufung lebt. Biblisch betrachtet hat Gott „Autoritäten" eingesetzt, wenn ich solch ein Amt von Gott bekommen habe, übe ich es aus, egal ob ich im „Dienst" bin oder „privat". Natürlich kann andererseits ein Polizist ein Privatleben haben, aber ich glaube, er sollte immer ein Vorbild sein."

Dem habe ich nichts hinzuzufügen ☺. Ein Vorbild zu sein, das stimmt tatsächlich – gerade unter diesem Aspekt werden Christen ja häufig mit Argusaugen beobachtet. Ich gebe Ihnen aber dennoch mit auf den Weg: Haben Sie den Mut, sich ganz auf Gott einzulassen und versuchen Sie nicht, ihn oder die Menschen aus eigenen Werken zu beeindrucken. Tun Sie bitte alles mit und in der Gnade Gottes.

Frage 8: Kann ein Polizist einen christlichen Glauben haben? Begründe Deine Antwort!

Ja: 100%

Ich denke, an dieser Stelle kann ein Zitieren der einzelnen Begründungen unterbleiben. Versuchen Sie stattdessen, dieses eindeutige Ja selbst zu erklären.

Frage 9: Welche Vorteile / Nachteile glaubst Du hat ein christlicher Polizist allgemein? Privat / Berufsalltag.

Allgemeines: Sollten Sie als Interviewpartner Ihre Antwort nicht im Detail vorfinden, so heißt es nicht, dass diese nicht ausgearbeitet und in die Beantwortung eingeflossen wäre. Viele Statements sind sehr ähnlich – im Interesse des Leseflusses habe ich mir erlaubt, manches zusammenzufassen.

- Vorteile: Diese liegen für viele der Befragten auf der Hand: Wer nicht nur den Gesetzen, sondern auch Gott treu ist, versehe seinen Dienst mit einer besonderen Grundhaltung, sei allgemein menschlicher, wertschätzender und auch weniger anfällig für Amtsmissbrauch und sonstige Abtrünnigkeiten. Einige sind überzeugt, dass Gottes Hand zum Schutz über jeden christlichen Polizisten ausgestreckt sei. Dienstgeber von christlichen Polizisten seien überdies begünstigt durch den Umstand, dass ihre Dienstnehmer sogar aufgefordert würden, bessere Arbeit als andere zu leisten.

Dies ist in 2. Timotheus 2,15 zu finden: *„Setz alles daran, dass du in deiner Arbeit zuverlässig bist und dich für nichts schämen musst. Sorge dafür, dass Gottes wahre Botschaft richtig und klar verkündet wird."*

Dies ist keine bloße Empfehlung von Gott, es ist ein unmissverständlicher Auftrag, die wahre Botschaft „richtig" und „klar" zu verkünden.

Was findet sich noch unter den Antworten? Etwa: Der christliche Polizist sehe auch den Menschen hinter einer Problemstellung, nicht nur die Sache. Er sei nicht so anfällig für Vorurteile und eher dazu bereit, seinem Gegenüber entgegenzukommen (auch im Kollegenkreis). Der christliche Polizist habe keine Angst vor dem Sterben und könne deshalb auch seelsorgerisch tätig sein.

- <u>Nachteile</u>: Schwierigkeiten würden deshalb, so meinten manche, entstehen, da Dienstliches oft nicht mit der Bibel im Einklang stehe. Leider wurde dies von den Befragten aber nicht näher erläutert. Zum Waffengebrauch darf ich auf die Ausführungen zuvor verweisen.

Daneben wurde angemerkt, dass Polizisten vielfach nicht gerade mit der „besten Sorte" Mensch zu tun hätten – dies könne gerade für einen Christen nicht leicht zu ertragen sein. Auch der mögliche Kontakt mit Extremisten / Terroristen ist für viele der Befragten mit besonderer Nachteiligkeit behaftet. Weiter würde man vom Umfeld, insbesondere den Kollegen, belächelt (das habe ich leider anfangs auch selbst feststellen müssen).

Im Allgemeinen nannten die Befragten genau die Vor- und Nachteile, die ich, wenn nicht bereits im Berufsalltag selbst erlebt, so doch zumindest erwartet hatte.

Aber nach Auswertung aller Antworten lässt sich jedenfalls ein eindeutiges und sehr erfreuliches Ergebnis festhalten: Die Mehrheit ist davon überzeugt, dass die Vorteile überwiegen und deshalb sollte ein Polizist christliche Werte in den Dienst integrieren.

Frage 10: Nach Gesprächen mit vielen Polizeikollegen habe ich erfahren, dass mindestens 90% nicht in der Bibel lesen. Woran könnte das Deiner Ansicht nach liegen?

- Mangelnde Wertschätzung christlicher Werte im Allgemeinen und der Bibel im Speziellen in europäischen Ländern („es ist ja nur ein Buch, das Menschen geschrieben haben")

- Mangelnder Glaube an sich und an Gott; fehlende Zeit und fehlende Lust, in der Bibel zu lesen

- Nichtvorhandensein einer Bibel in einer Vielzahl an Haushalten

- Desinteresse

- Fehlendes Erleben der Wiedergeburt

- Mangelnde Förderung des Bibelstudiums durch den Einzelnen und zu großer Verlass auf ein Nahebringen biblischer Inhalte durch Geistliche

- Gar keine oder erst sehr späte Begegnung mit Gott

- Keine Möglichkeit des Kennenlernens des Evangeliums, da in der Gesellschaft zu wenig thematisiert

- Wenngleich eine höhere Quote in der Bibel lesender Polizisten in manchen Regionen (etwa: Bayern), jahrelanges Falsch-Vorleben des Christentums

- Uncoolness, Antiquiertheit

Frage 11: Wie viele Polizisten kennst Du persönlich, die in der Bibel lesen?

Einige Antworten ehrten mich (und stimmten mich gleichzeitig sehr nachdenklich), da sie lauteten: „Keine, nur dich, Markus." Vielleicht liegt es daran, dass viele Polizisten (und auch „normale" Bürger) sich schämen, kundzutun, dass sie Zeit im Wort Gottes verbringen. Sie fürchten, mit diesem Bekenntnis ihr Image zu schädigen und eine vermeintliche Schwäche einzugestehen.

Antworten waren:

- Keinen

- Zwei in den USA

- Einen

- Ich bin mir nicht sicher

Aber eine weitere Antwort fiel mir besonders ins Auge, die ich daher wortgetreu wiedergeben möchte: „Ich kenne einen Polizisten in Israel, der die Bibel liest. Er gilt als einer der Besten in seiner Abteilung."

Für mich stellt sich hier die Frage: Muss man erst in Israel einen Polizisten suchen, der die Bibel liest und dadurch zu einem der besten in seiner Abteilung zählt? Das können wir doch auch hier versuchen! Ich wiederhole den Bibelvers von 2. Timotheus 2,15: *„Setz alles daran, dass du in deiner Arbeit zuverlässig bist und dich für nichts schämen musst. Sorge dafür, dass Gottes wahre Botschaft richtig und klar verkündet wird."* Dieser israelitische Kollege dürfte den Bibelvers verinnerlicht haben, und, so wie ich dies sehe, bereits entsprechend Früchte ernten.

Wenn wir wirklich dazu bereit sind, das Wort Gottes für uns in Anspruch zu nehmen (und auch dazu stehen!), dann wird sich unser Leben schlagartig zum Positiven verändern.

Ich selbst befinde mich gerade mitten in dem Versuch, meine Kollegen, die sich bereits Jesus anvertraut haben, zu motivieren, die Bibel zu lesen, indem ich immer wieder einzelne Verse zum Gesprächsthema mache. Ich kann Ihnen verraten, dass mir anfangs ein großes Maß an Skepsis entgegenschlug, aber mittlerweile hat sich das Zitieren, Finden, Nachlesen und Darüber-Sprechen zu einer regelrechten Sucht entwickelt, der wir gerne frönen. ☺

Sehen Sie: Es liegt immer an der Motivation. Angestoßen von der Idee einer Tagesbibel habe ich begonnen, einen Bibelvers pro Tag frühmorgens an Interessierte in meinem Bekanntenkreis per E-Mail zu versenden. Wer will, kann mit mir am Ende des Tages Erlebnisse / Gedanken / Eindrücke zu dem betreffenden Vers teilen. Kommt an manchen Tagen abends kein Feedback, ist es auch gut – ein Same ist gesät. Sie wissen ja: Oft treiben Knospen zu einem Zeitpunkt, an dem wir gar nicht damit rechnen.

Frage 12: Beschreibe Deine Empfindung, wenn Dir ein Polizist anböte, für Dich zu beten. Würde es einen Unterschied für Dich machen, ob dieses Angebot von einem Polizisten oder einem Vertreter einer anderen Berufsgruppe kommt? Wenn ja, warum?

Die Antworten zu dieser Frage hätten unterschiedlicher nicht ausfallen können.

Ein Teil der Befragten meinte, er wäre sofort positiv eingestellt und würde sich freuen, obgleich eine eintretende Überraschung nicht zu leugnen wäre. Ein anderer Teil gab an, dass dieses Angebot ihn völlig perplex machen würde.

Da einige Personen das Gefühl haben, manche Polizisten

seien „abgehoben", gaben sie an, sich nicht vorstellen zu können, mit Vertretern dieser Berufsgruppe ein derart privates Gespräch zu führen. Andere wiederum wären nach so einem Angebot sogar persönlich berührt und würden sich freuen, denn, so meinten sie, zeige es doch auf jeden Fall Mitgefühl und zugleich Stärke der Beamten.

Nun meine Anmerkungen zu dieser Thematik:

Natürlich erfordert es eine gehörige Portion Mut, Fremden ein Gebet anzubieten – und ebenso fühlen sich auch Polizisten gelegentlich schwach und unsicher, ob ein solches Angebot nicht zu weit ginge. Ich weiß aber aus eigener Erfahrung, dass durch Gebet – sogar während des Gefühls der Schwachheit – der betende Polizist auch für sich selbst Heilung erfahren kann.

Relativ leicht fällt es zweifelsohne, jeglicher Kategorie von Opfern oder Verletzten Gebete zu offerieren. Doch was ist mit den Tätern? Dass ich auch für sie bete, ist für mich selbstverständlich. In der Regel mache ich das im Stillen und verlasse mich anschließend ganz auf Gottes Wirken.

Wie ich von gläubigen Polizisten erfahren habe, sehnen sich manche nach gleichdenkenden bzw. gläubigen Kollegen, um auch in Gruppen beten zu können. Eine schöne Idee – und bestimmt auch Gottes Wille.

Zwei Antworten zur Frage 12 möchte ich herausgreifen: Mir hat er/sie beim Lesen sofort leidgetan und ich bin anschließend ins Gebet gegangen, weil hier offensichtlich Verletzungen der Grund dieser Aussage waren: „Ich mag Derartiges generell nicht – egal, von wem – kommt mir wie ein „Bemuttern" vor. Bin in einer Gegend aufgewachsen, in welcher gerade die ganz Frommen im Leben die „linken Agenten" und „harten Hunde" waren. Mir ist ein Gespräch bei einer Speckjause mit Most lieber."

Warum hat mir diese Person sofort leidgetan? Es scheint, als wären Verletzungen in der Vergangenheit Grund für dieses Empfinden. Obwohl natürlich nichts gegen eine Speckjause mit Most einzuwenden ist... ☺

Bei der zweiten Retoure konnte ich mir ein Schmunzeln nicht verkneifen: „Ein Gebet anstelle eines Strafzettels finde ich super. Ich würde es cool finden, denn Polizisten sind ja trotzdem Autoritätspersonen."

Es mag erfreulich sein, nichts bezahlen zu müssen, doch ginge bei einem derartigen Vorgehen der Sinn der Strafe (General- und Spezialprävention) und auch jener des Gebetes verloren. Das heißt aber nicht, dass man nicht während oder am Ende einer Amtshandlung für die betreffende Person beten könnte.

Der zweite Teil der Frage 12, nämlich ob es einen Unterschied machen würde, ob ein Polizist oder ein Vertreter einer anderen Berufsgruppe das Gebetsangebot macht, wurde einhellig beantwortet. Es würde für niemanden einen Unterschied machen.

Frage 13: Wie meinst Du, würden Menschen einem Polizisten gegenübertreten, von dem sie wüssten, dass er sein Christsein auch im Beruf lebt?

Vorweg darf ich Sie ersuchen, innezuhalten und diese Frage für sich zu entscheiden. So divergierende Antworten wie zu Frage 13 erhielt ich an keiner anderen Stelle. Hier ein kurzer Auszug (teils versehen mit einer persönlichen Anmerkung von mir):

„Unsere heutige Gesellschaft ist sehr loyal, die Menschen würden das verstehen. Die Frage ist nur: Verstehen es die Kollegen und Vorgesetzten und wie gehen sie damit um?"

Diese Antwort hat mich überrascht. Eine loyale Gesellschaft, verständnisvolle Menschen im Allgemeinen? Wie wundervoll, wenn das Lebensrealität ist! Zu den Reaktionen der Kollegen und Vorgesetzten: Ob sie es verstehen und wie sie damit umgehen ist mir persönlich, gelinde gesagt, herzlich egal. Ich verrichte meine Arbeit nach allerbestem Wissen und Gewissen. Welchen Glauben ich habe, kann diesbezüglich nicht relevant sein.

„Der Großteil würde ihnen positiv gesinnt gegenübertreten. Der Rest würde Vorteile erwarten, weil man meint, dass ein Christ barmherzig sein muss."

Letzteres ist ein interessanter Gedanke, der wohl nicht von der Hand zu weisen ist.

„Ich glaube, dass man sich von einem gläubigen Polizisten erwartet, dass er nicht so streng ist wie andere Polizisten, mehr Mitgefühl hat, nicht nur alles streng nach dem Gesetz beurteilt."

Diese Ansicht kann ich nachvollziehen. Aber auch ein gläubiger Polizist ist zur Einhaltung der Gesetze verpflichtet. In Ausübung seiner Tätigkeit kann und darf er natürlich Mitgefühl haben – und auch zeigen. Dass das Eine nicht im Widerspruch zum Anderen stehen muss, ist leider selbst für manche Polizisten schwer zu verstehen.

„Viel offener als sonst, denn ein christlicher Polizist würde seine Autorität nicht missbrauchen, sondern seine Ausstrahlung käme bei der Bevölkerung sicher gut an."

Das kann ich bestätigen. Nicht selten werde ich darauf angesprochen, dass bei mir „irgendetwas anders ist als bei anderen Polizisten". DIE Gelegenheit für mich, freudig von Jesus und dem Evangelium zu berichten. ☺

„Unterschiedlich: einige werden mehr Respekt haben, eventuell ehrlicher gegenübertreten und leichter von den Problemen erzählen. Andere würden sich nicht sicher sein, ob sie ihn ernst nehmen können, vermutlich könnte auch offener Hass auftreten, zum Beispiel bei radikalen Islamisten."

Dass das Beispiel mit den radikalen Islamisten hier erwähnt wird, ist auf die aktuelle Präsenz dieser Thematik in den Medien zurückzuführen. Wir Polizisten haben mit verschiedensten Kategorien von „Radikalen" zu tun, all diese Menschen sind mit Hass und in der Regel auch Zweifel erfüllt. Dass hier ein Gebet unmittelbar die Umkehr bewirken kann, darf bezweifelt werden. Aber wie gesagt: Man weiß nie, was aus einem gesetzten Samen entsteht...

Wir erkennen, dass es nicht leicht ist, Christ zu sein und seinen polizeilichen Dienst mit dem Glauben in Einklang zu bringen. ABER: Es ist im Grunde egal, welchen Beruf man als Christ ausübt. Sobald man mit anderen Menschen zu tun hat, können Schwierigkeiten auftreten. Die Grenzen sind von jedem einzelnen Christen selbst zu setzen. Bleiben Sie sich und Jesus treu, dann kann Ihnen nichts passieren. Die „Arbeit" muss sowieso gemacht werden. Es sollte auf jeden Fall so sein, dass es nicht seltsam bzw. nicht aufdringlich wirkt.

Wie auch bei den vorangehenden Fragen möchte ich auch hier eine Antwort speziell hervorheben. Sie macht deutlich, wie sich der Berufsalltag eines christlichen Polizisten gestalten kann.

„Ich selbst habe vorwiegend positive Resonanz erfahren, als ich mein Engagement in Hinblick auf die Arbeit der CPV (Christliche Polizei Vereinigung) erwähnte. Jene Menschen, die hasserfüllt vom Polizisten erwarten, dass er aggressiv gegen eine Person vorgeht, können sich einen christlich lebenden Polizisten nicht vorstellen. Gerechtigkeit kann nur durch Wahrheitsfindung ausgeübt werden. Der Gerechte wird aus Glauben an JESUS leben."

Mit dieser Antwort beende ich die Verwertung der Rücksendungen. Sie haben mit Sicherheit erkannt, dass Christsein nicht einfach ist – schon gar nicht als Polizeibeamter.

Doch Gott hat in seinem Wort auch an keiner Stelle erwähnt, dass Christsein leicht wäre oder sein sollte. ☺

Gehen Sie bitte stets grundsätzlich davon aus, Gott liebt alle Menschen und möchte sie retten. Der Mensch wiederum muss für sich eine Entscheidung treffen, ob er mit oder ohne Gott gehen will. Trifft er die Entscheidung FÜR GOTT, dann gebe ich Ihnen die Garantie, dass sich das Leben ändern wird. Lassen Sie die Veränderung zu: Seien Sie das Licht, das der Welt leuchtet!

Nachwort:

Ich möchte von ganzem Herzen all jenen meinen Dank aussprechen, die mich unterstützt haben, dieses Buch Wirklichkeit werden zu lassen. In erster Linie gilt dieser Dank meiner Gattin Christa, weil ich, während ich dieses Buch schrieb, nicht so als Ehemann zur Verfügung stand, wie es sein sollte. Ihre Geduld war bemerkenswert und daher weiß ich auch, dass es nicht selbstverständlich ist, so eine Frau als Ehefrau zu haben. Dafür danke ich Gott auf das Herzlichste. Christa hat das Herz am richtigen Platz und ich schätze ihren Weitblick.

Ich lebe den christlichen Glauben als „freier Christ" (in einer pfingstlich charismatischen Denomination). Meine Gattin dient in einer Arbeitsstätte der römisch-katholischen Kirche. Dadurch können wir einen regen Austausch führen und lernen dabei, wie wir anderen Denominationen besser entgegengehen können. In erster Linie geht es ja um die Einheit mit JESUS.

Einen besonderen Dank spreche ich auch Verena aus, der Tochter meiner Frau, die als Lektorin dieses Buches fungierte. Sie war sehr geduldig mit mir und stand mir mit Rat und Tat zur Seite.

Des Weiteren freue ich mich über die Beharrlichkeit meiner Mutter, die nicht aufgegeben hat, für mich zu beten.

Sie hat mir in den schwierigsten Zeiten meines Lebens oft und beharrlich gesagt, dass Jesus meine Rettung sein würde. Meine Mutter brachte mich auch mit Dr. Wolfgang Hoffmann zusammen. Er half mir enorm und leitete mich an, mit Jesus Christus eine Beziehung aufzubauen. Heute darf ich voller Stolz und Freude sagen, dass er einer meiner besten Freunde geworden ist. Ich sehe ihn als Mentor, der unzählige meiner Fragen beantworten „musste" (ich war sehr lästig mit meiner Neugierde ☺) – und er tat es gerne.

Dr. Wolfgang Hoffmann wiederum stellte mir Baumeister Franz Wimberger vor, den ich ebenso schätzen lernte. Auch ihm gebührt mein Dank, insbesondere für die Herstellung guter und für mich sehr hilfreicher Kontakte zur Finalisierung dieses Buches.

Bevor ich anfing, das Buch zu schreiben, hatte ich keine Ahnung, was auf mich zukommen würde. Anfangs war es alles andere als einfach, meine Worte, Gedanken und das Erlebte zu Papier zu bringen. Unerfahrenheit, Zweifel und Versagensängste hinderten mich an der Umsetzung der Vision. Doch als ich intensiv begann, mich mit der Materie auseinanderzusetzen, immer tiefer in sie eintauchte und mit Menschen darüber sprach, wuchsen mein Glaube, das Vertrauen in mich selbst und die Zuversicht, dass das Begonnene auch beendet werden könne. Nun ist das Buch fertig. Mein Pastor sagt immer: „Wenn es einen positiven und keinen sündigen Stolz gibt, dann habe ich ihn jetzt."

Weil ich soeben meinen Pastor erwähnt habe, möchte ich auch ihm einen besonderen Dank aussprechen. Pastor Fred Lambert von der FCG – Wels (Freie Christen Gemeinde) weckte in mir den Glauben, Menschen helfen zu können. Seine Liebe zu Gott und zu den Menschen, seine ehrliche, gottestreue Art, beeindruckt mich sehr. So wuchs in mir in der demütigen Haltung das Verlangen, ihm nachzueifern. Er motivierte mich und ich blieb dran, bis ich mich entschloss, die Rhema-Bibelschule zu besuchen. Auch nach erlangtem Abschluss glaubt Fred Lambert daran, dass mein Weg mit Jesus noch lange nicht abgeschlossen ist. Er ist für mich Pastor, Bruder und Freund.

Den einzigen Quellenhinweis, den ich Ihnen geben kann, ist das Wort Gottes (die gesamte Bibel, also das volle Evangelium). Ansonsten verwende ich in diesem Buch keinerlei Zitate aus Büchern oder sonstigen Texten. Zitiert werden lediglich Aussagen, die ich im Zuge der Interviews erhalten habe. Auch an dieser Stelle meinen besten Dank an alle interviewten Personen für Zeit und Engagement.

Da es mir ein Anliegen ist, auch von Ihrer Seite etwas zu „hören", stelle ich meine Email-Adresse zur Verfügung. Sie können mir schreiben, ob Sie eine „neue" Entscheidung für sich getroffen haben und warum; wie es Ihnen mit der Gemeinschaft Gottes geht; was erleben, oder erlebten Sie mit den christlichen Werten in Verbindung mit Ihrem Beruf; Zeugnisse....

Vielleicht kann ich diese „Berichte" in meinem nächsten Buch einarbeiten. Also scheuen Sie sich nicht, mir ein paar Zeilen zu schreiben.

In der Hoffnung, dass das vorliegende Buch das Herz des Lesers berühren konnte, ersuche ich um eine Spende, damit auch das weitere Ziel, und zwar eine Vielzahl von Menschen zu erreichen (siehe dazu näher unter: www.md-ministries.at), erfüllt werden kann.

Man darf es klar ansprechen: Dieses Projekt benötigt Geld, um weiter wachsen zu können. Dessen Mangel soll und darf nicht der Grund sein, warum Personen, für die, die im Buch enthaltene Botschaft wichtig wäre, nicht erreicht werden.

Daher bitte ich Sie nur um eine Sache: Prüfen Sie Ihr Herz. Ist es auch Ihr inniger Wunsch, dass „Hände Hoch – Für die Freiheit" andere berühren kann?

Wenn ja, gibt es bei einer Spende nun zwei Wahlmöglichkeiten. Für eine korrekte Zuordnung bitte ich Sie, bei E-Banking im Feld „Verwendungszweck":

1) Spende – Polizei: Mit dieser Spende wird der Druck neuer Bücher finanziert, damit (vorerst) jeder Polizeibeamte in Österreich das Buch gratis erhalten kann.

2) Spende – Jan Eriksen: Hiermit unterstützen wir Jan Eriksens Projekt „Street Ministries" (mit 50% Ihrer Spende) und finanzieren den nächsten Buchdruck.

Hier meine Kontodaten lautend auf Markus Doblmann:

Sparkasse Oberösterreich

IBAN: AT15 2032 0323 0250 2252

BIC/SWIFT: ASPKAT2LXXX

Mit einem herzlichen Dank und Gottes Segen

- Markus Doblmann

Markus Doblmann
e: markus.doblmann@md-ministries.at

Markus Doblmann Ministries - Gemeinsam mit Jesus |

www.md-ministries.at

KONTAKT

Auf Anfrage weitere glaubensstärkende
- **Literatur /Bücher** • **Predigten**
- **Musik** • **Hörbücher** •**DVDs**
  • **und E-Books**
in deutscher und englischer Sprache
sowie in mehreren anderen Sprachen.

Auf unserer Webseite *www.shalom-verlag.eu* finden Sie unser gesamtes Angebot. Bereits ab einem bestimmten Bestellwert liefern wir versandkostenfrei. Es gibt auch einige Gratis-Downloads von Seminaren und Konferenzen. Über eine positive Bewertung auf den verschiedenen Internetplattformen würden wir uns natürlich sehr freuen. Vielen Dank für Ihr Interesse und Ihren Besuch! Herzliche Grüße und SHALOM.

Sie können bei uns über unseren Online-Shop, per E-Mail, Telefon, Bestelllisten, Brief oder Fax bestellen!

 Nibelungenstraße 1
94086 Bad Griesbach, Bayern

 Tel: +49 8532 927 12 12

 info@shalom-verlag.eu
kontakt@shalom-verlag.eu

 www.shalom-verlag.eu